JN078834

自分を生きるための

〈性〉のこと

SRHR
性と生殖に関する健康と権利編

目　次

　　　執筆：東京医科歯科大学 大学院医歯学総合研究科 発生発達
　　　病態学分野 准教授　鹿島田 健一

第2章　月経を知ろう！

第3章　射精を知ろう！

はじめに

こんにちは。
泌尿器科医の今井伸です。

産婦人科医の高橋幸子です。

私たちはそれぞれ、医師として働くかたわら、10年以上にわたって学校を訪れて性教育の講演を行う活動をしています。もしかしたら、この本を読んでくれている読者の方の学校へ行ったことがあるかもしれませんね。

今井先生は「性」という言葉のイメージってどんなものだと思いますか？

多くの人がまず最初に思い浮かべるのは、「性別」や「からだの特徴」について、そして「生殖」「性交」などでしょうか。

4

私たちが子どもの頃に学校の「性教育」で習うことはそういうことでしたよね。
でも、私は自分で性教育の活動を行うようになって、「性」はもっと幅広いものだと気づいたんです。

そうですね。例えば今、私が性教育を行うときは「性的指向」「性自認」の話題に必ず触れます。けれど、自分はそういった授業を受けたことはありませんでした。

私は20年ほど性教育の活動をしていますが、私が活動をはじめた頃にもまだありませんでした。

性教育を行っていると、時代とともに求められることは変化していく、ということを感じますね。
かつては、主にからだや生殖のしくみを説明するのが性教育だと思われていた時代もありました。しかし、それは「性」の一部にすぎません。

現在では、からだや生殖のしくみに人間関係や性の多様性、ジェンダー、性的行動、性暴力の防止なども含めた「包括的性教育」が求められるようになってきましたね。
そしてこの包括的性教育を受けることも、みなさんの大切な権利なんです。

ですから、私たちが性教育に感じている変化はもちろん「よい変化」です。

科学的な知識だけでは自分のからだを守ることができないことがある……と診療を通して感じています。だからこそ知ってほしい。

 この本を読む人が「自分を生きる」ために、ぜひこの本を活用してください！

　この本では、包括的性教育の中でも特に「性と生殖に関する健康と権利（SRHR）」についての内容を解説していきます。

　性と生殖に関する健康と権利とは、からだも心も、社会的にも良好な状態（健康）で生きるための、すべての人に関わる理念です（詳しくはp.8へ）。

　そして、その権利の重要な第一歩が性教育を受けることなのです。

「性と生殖に関する健康と権利（Sexual and Reproductive Health and Rights：SRHR）」とは

　1994年に、エジプトのカイロで開催された国際人口開発会議と、翌年に北京で開催された国連世界女性会議によって「セクシュアル・リプロダクティブ・ヘルス／ライツ（SRHR）」という概念が確立されました。

　それ以降、さまざまな議論とともに定義が更新され、現在ではSRHRは世界中で取り組むべき人権課題として定着しています。

第 1 章

思春期

の

からだの変化

自分のからだ

　あなたのからだのことを決めるのは誰でしょうか？
「そんなの、自分に決まっている」と思いますよね。そん
なふうに、あなたの性と生殖に関わるすべての自由が守ら
れ、心身ともに満たされ健康であるための考え方が「性と
生殖に関する健康と権利」です。

性と生殖に関する健康と権利（SRHR）

「性と生殖に関する健康と権利（Sexual and Reproduc-
tive Health and Rights：SRHR）」には、「性の健康（Sexual
Health）」「生殖の健康（Reproductive Health）」「性の権利
（Sexual Rights）」「生殖の権利（Reproductive Rights）」
という４つのテーマが含まれています。

・「性の健康（Sexual Health）」
　　自分の「性」に関して、心身ともに満たされ、幸せを
感じられ、社会的にも認められている状態のこと。
・「生殖の健康（Reproductive Health）」
　　妊娠や出産に関わるすべてにおいて、関心がある場合も、
ない場合も尊重され、心身ともに健康である状態のこと。
・「性の権利（Sexual Rights）」
　　自分の「性」のあり方を自分で決められる権利のこと。

> ・「生殖の権利（Reproductive Rights）」
> 　「生殖」に関わるすべてを自分で決められる権利のこと。

参考：ジョイセフ　https://www.joicfp.or.jp/jpn/

　「性と生殖の健康」を実現するためには、「性と生殖の権利」を達成する必要があります。そして、その「性と生殖の権利」のひとつであり、重要な第一歩が「性について学ぶこと」なのです。

　この本では主に、からだのしくみや生殖のしくみを通して「性と生殖の健康」について解説していきますが、その根底にある大切な考え方が「性と生殖の権利」なのです。

　思春期は、からだも心も、そして自分自身を取り巻く環境も変化していく年代です。性について学ぶことで、自分の人生を自ら選び取るために必要な科学的な知識を蓄え、行動に移すことができるようになります。それはきっと、あなたと、あなたに関わる人の人生を豊かにするでしょう。

　性について学ぶことは、とてもヘルシーなことです。

　性について、一人ひとりが学び、ハッピーになるのは最低限の、あたりまえ！　のこと。みんなで一緒に学ぶことで「性と生殖に関する健康と権利」が守られる社会をつくっていきましょう。

自分のからだのことは自分で決めていい

　自分のからだの好きなところはどこですか？　これだ！と思いつくところをぜひ大切にしていきましょう。そして、

今は思いつかないという人も、どうか自分のからだの好きなところを見つけてほしいと思います。

　あなたのからだは、頭の先から指の先まで、髪の毛の一本に至るまで、とっても大切です。そして、「いつ、誰に、どこを触れさせてもよいか」を決めるのは、あなただけの権利なのです。自分のからだのことを決定し、守る「王様」は自分自身です。

　からだの中でも特に、いのちをつなぐ4つの場所《口・胸・性器・おしり》をプライベートパーツといい、合わせてプライベートゾーンといいます。

　プライベートゾーンに触れることはもちろん、あなたのパーソナルスペース※に踏み込むようなことも、対話による性的同意（p.71）が必要となる行為です。

　ただし、痛みがある時、ぶつけるなどでけがをした時は、医療機関に見せてくださいね。

※自分でいられる、自分が安全に感じる個人の領域のこと。

からだの構造

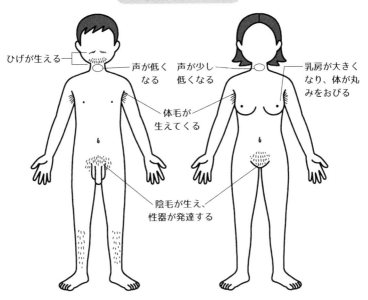

ひげが生える

声が低くなる

声が少し低くなる

乳房が大きくなり、体が丸みをおびる

体毛が生えてくる

陰毛が生え、性器が発達する

これは二次性徴で起こる代表的な変化の例ですが、もちろん個人差があり、ひとつとして同じ体はありません。

　思春期になると、ホルモンの働きによってからだが大人へと成熟していきます（二次性徴）。この発達にも個人差がありますが、男性では10歳から14歳、女性では8歳から12歳頃に多くみられ、ほとんどの人が15歳くらいまでに起こります。

　男性の場合は、精巣が大きくなることからはじまり、陰茎増大、陰毛発生、射精へと進んでいきます。

　女性の場合は、おなかの中で見えませんが、卵巣が大きくなり、乳房が発達し、陰毛発生、初経へと進んでいきます。

11

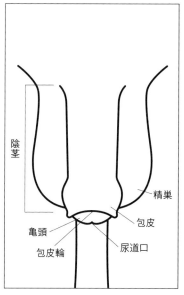

男性器

陰茎

精巣

亀頭

包皮

包皮輪

尿道口

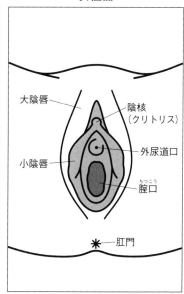

女性器

大陰唇

陰核
（クリトリス）

小陰唇

外尿道口

ちつこう
膣口

肛門

　男性のからだと女性のからだには、それぞれ異なる器官もありますが、似ているところもたくさんあります。同時に、同じ性であっても、性器の形や大きさは人ぞれぞれです。

　この本では、自分の性のことはもちろん、異性のことや、さまざまな性のあり方について知ってほしいと思います。

　お互いに共通するところを見つけ、違いを尊重できるようになることが、「性と生殖に関する健康と権利」が守られた社会をつくることにつながっていきます。

多様な性

　思春期には、自分の性がどのようにありたいかで迷うことや、周囲の人と異なる自分に気づいて悩むこともあるでしょう。

　性は、生まれた時の「からだの性」、どの性の人を好きになるかの「性的指向」、自分が認識する「性自認」、どのように性を表現したいかの「表現する性」など、さまざまな要素で構成されています。

　思春期の年代には、自分の性をはっきり認識している人もいれば、まだ性的指向や性自認が揺れている人、探している状態の人もいます。

　「性的指向（Sexual Orientation）」「性自認（Gender Identity）」の頭文字をとったSOGIという言葉や、レズビアン・ゲイ・バイセクシュアル・トランスジェンダーの頭文字をとったLGBT※という言葉を知っている人は多いと思います。

　これらの用語の広がりとともに、性が多様なものだということはこの数年で広く知られるようになってきました。一方で、まだ誤解や無理解などがあることも事実です。

　性的指向・性自認（SOGI）はすべての人にあるものです。他人の性的指向・性自認について憶測で話したり、から

※クエスチョニング（自分の性のあり方を探している状態）や、多様な性を表すクィアのQを加えたLGBTQという言葉も広く使われています。

かったりすること、他人の性のあり方について本人の同意なく他者に知らせること（アウティング）などは、相手を深く傷つける行為です。

　多様な性のあり方を尊重し合う環境をつくることは、お互いの「自分らしさ」を尊重する社会づくりにもつながります。

　誰かに相談したいけれど身近な人に相談しづらい場合もあると思います。そんな時は、相談機関などを利用するのもよいでしょう（p.80）。

さまざまな**性的指向**（Sexual Orientation）

ヘテロセクシュアル	異性愛者
ホモセクシュアル	同性愛者
レズビアン	同性愛者（女性）
ゲイ	同性愛者（男性）
バイセクシュアル	両性愛者
パンセクシュアル	全性愛者（あらゆる性の人が恋愛対象になる人）
アセクシュアル	他者に対して性的欲求や恋愛感情を抱かない人
ノンセクシュアル	恋愛感情はあるが他者に対して性的欲求を抱かない人
アロマンティック	他者に対して恋愛感情を抱かないが性的欲求はある人

さまざまな**性自認**（Gender Identity）

シスジェンダー	性自認と生まれた時に割り当てられた性が一致している人
トランスジェンダー	性自認と生まれた時に割り当てられた性が一致していない人
Xジェンダー	自分は男性・女性のどちらでもない、またはどちらでもあると感じる人（主に日本で使われている言葉）
ノンバイナリー	性自認・表現する性のどちらもが男性・女性のどちらの枠組みにも入らない人
ジェンダーフルイド	性自認が流動的である人
クエスチョニング	自分の性のあり方を探している状態にある人

※定義は一例です

さまざまな発達

「性」にはSexとGenderがある

　まず最初に大切な点は、性には英語でいうセックス（Sex）とジェンダー（Gender）という、2つの異なる概念があるということです。

　セックスとは"からだの性"をさします。外性器（ペニス、腟）や内性器（前立腺、子宮）、性腺（精巣、卵巣）は男性と女性で大きく異なります。医師は生まれてきた赤ちゃんの外性器を見て性別を決めます。これらはいずれもセックスに該当する事柄です。

　一方ジェンダーは比較的新しい概念で、1960年代頃から使われはじめました。こちらは簡単にいえば"社会的・文化的につくられる性"を意味します。どんな性を好きになるか、自分の性をどのように認識するか、といったことはいずれもジェンダーに該当する事柄です。

　セックス（雌雄）は人間のみならず、多くの生物や動物、植物にもあります。一方、ジェンダーは原則人間のみに認められる概念です。

　ここではセックスが意味する生物学的な雌雄のしくみ、およびそのしくみが典型的でないことによって生じる性分化疾患について、説明をします。

性（Sex）の成り立ち

　すべての動物では、動かない配偶子（ヒトでは卵子）を
もつ個体を雌（メス）、動く配偶子（ヒトでは精子）をも
つ個体を雄（オス）といいます。そして、ヒトのからだは
元は、卵子と精子の細胞核が一体となってできる、受精卵
と呼ばれる１つの細胞です。この細胞には見かけ上で男
性・女性の違いはありません。しかし、胎内（母親の子宮
の中）で手足などの身体が形成されるに従って、内性器や
外性器の男性・女性の違いがはっきりとしてきます。この
過程を「性分化」（一次性徴）と呼びます。

　男性・女性の違いは、46本ある染色体のうち、２本の
性染色体の組み合わせによって決まります。性染色体の組
み合わせが「Ｘ」「Ｙ」だと男性型に、「Ｘ」「Ｘ」だと女
性型になります。そして、この性染色体の組み合わせに応
じて、「性腺」の型が決まります。通常、XYでは性腺は精
巣に、XXであれば卵巣になります。

　性腺は、配偶子（精子ある
いは卵子）を作ると同時に、
性ホルモン（男性ホルモン・
女性ホルモン）を産生します。
各性別に沿った発達を促すと
同時に、生殖能を獲得、維持
する臓器です。

　性器は生まれてくる時には
男性・女性で形が異なります

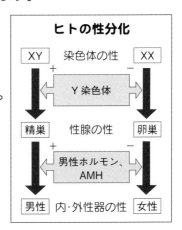

が、元々胎内では同じ形をしています。例えば陰茎（ペニス）と陰核（クリトリス）、陰嚢と陰唇（p.12）はもともと同じ形をしています。それらが胎内で精巣から分泌されるホルモン（主に男性ホルモン）の作用を受けることで、内外性器は男性型に、作用がなければ女性型になります。

性分化疾患（DSD）とは

　前述のとおり、性（Sex）には染色体の性、性腺の性、内外性器の性があり、それらは男性型・女性型でそれぞれ一致するように分化（未熟なものから、より成熟、複雑化したものに変化すること）します。これを典型的な性分化と呼びます。

　一方で、この流れのどこかが典型的ではないために、性腺や内性器と外性器が非典型的になってしまうことがあります。これを性分化疾患（DSD※）と呼びます。ちなみに、「典型」とは一般的、「非典型的」とは一般的なものと異なる、という意味です。

　例えば、生まれたばかりの赤ちゃんで、陰核が極端に大きい、あるいは陰茎が小さく、陰嚢が２つに分かれているなど、外性器の特徴から男女を判別することが難しいことがあります。

　染色体の核型と身体の性が一致しない場合もあります。生まれた時、外性器が完全な女性型で、その後健康な「女性」として養育され、自分も女性であることに違和感を感じていない方が、その後の検査で染色体が46,XY（男性

※Disorders of［あるいはDifferences in］Sex Development

の核型）と判明する場合などです。

　DSDは先天的なものが大半であり、その原因はさまざまです。DSDをもつ人は、多くはほかの人と同様、学校に行き、就職することができますが、必要に応じて外性器の手術を受けたり、成人以降性ホルモンの補充療法などを受けたりします。また自分自身のあり方に直結する「自分の性のあり方」についての不安を抱えることが多く、心理的な負担も大きくなりがちです。

DSDから考える性

　ここで強調したいことは、「性」は自明ではないという点です。もう少し踏み込んでいえば、例としてあげた、男性女性の判別が難しい赤ちゃんに対し、社会的性（＝どちらの性で育てるか）を選択するうえで、染色体の核型、性腺の性状、内外性器の形状、などはいずれも単独で性を決める根拠にはならないということです。

　社会的性は、それぞれの状態に応じて選択されます。最終的に自身の「性」を決めるのは医学ではなく、本人である、ということを認識することも大切です。

　なお、DSDはからだの状態であり、性的指向・性自認について表すものではありません。そのため、いわゆるセクシュアルマイノリティ（LGBTQ）とは異なる概念です。もちろん重なる場合もありますが、LGBTQをはじめとするセクシュアルマイノリティの人たちの多くは典型的な性腺や内外性器をもつ場合が多いのです。

第2章

月経

を

知ろう！

月経って何？

　みなさんは月経について、どのようなイメージをもっていますか？　「具合が悪くなるから憂うつ」という人もいれば「自分は軽いからあまり気にしていない」という人もいるでしょう。「毎月アプリで記録をつけている」という人もいれば「前にいつ来たっけ」という人もいるかもしれません。

　また、この章を読んでくれている男性の中には「生理について（女性に）聞いていいのかわからない」「機嫌が悪くなるイメージ」という人もいるかもしれませんね。

　人類の約半数は月経を経験するわけですから、自分にはないという人も、知っておくことで、多くの人にとって暮らしやすい社会をつくる助けになりますよ。

　月経とは、子宮の内側に毎月準備される「受精卵のためのふかふかのベッド（子宮内膜）」が、不要になって剝がれ落ち、腟を通ってからだの外に排出される時に起こる出血のことです。つまり、すべての女性が将来赤ちゃんを産むとは限りませんが、月経は「赤ちゃんを産む時のためのからだの準備」であるといえます。

　月経のことを理解することで、その症状からからだの状態を知ることができます。この章では、そんな月経について解説していきます。「生理」と呼んでいる人もいると思いますが、医学用語で月経といいますので、ここでは「月経」という言葉で説明していきますね。

月経のはじまり

　一次性徴から10年近くたって思春期になると、脳から出たホルモンに反応して、男性は精巣から、女性は卵巣から、それぞれの性ホルモンが分泌され、それぞれの性に特徴的なからだつきに変化します。これを二次性徴といいます（ここでは男性・女性を「生物学的な性」として使用します）。

　二次性徴がはじまると、女性には月経が、男性には射精が起こります。最初は不安に思うこともあるかもしれませんが、これはからだが大人に近づいているサインです。

月経にがまんは不要！

　100年くらい前の女性たちの月経の回数は、一生の間に50回くらいだった人が多かったそうです。一方、現代の女性は、一生の間に450回もの月経を経験するそうです。なぜこんなに違うのでしょうか？

　答えは、一人の女性が産む子どもの人数が、昔と比べて激減しているからだといわれています。妊娠中と産後の授乳中は基本的に月経が止まりますから、子どもをたくさん産んだ女性は月経の回数が少なかったのですね。みなさんのひいおばあちゃんやひいひいおばあちゃんの世代では、5人きょうだいや10人きょうだいというのが、特に珍しくはなかったようです。

しかし、今も昔も、月経を毎月まじめにこなす女性の子宮・卵巣の働きはかわりません。

　月経は「妊娠したい時」には大切なしくみです。しかし、心が「妊娠したくない」という時にも、からだは妊娠のための準備をしています。「まだ」妊娠したくない時も、「もう」妊娠しなくてよい時も、月経がある限り、からだは妊娠のための準備を行っているのです。

　しかし、妊娠したくない時まで月経をありがたく迎える必要はあるのでしょうか？

　月経には「毎月ちゃんと（月経が）来るのは、からだが整っている、調子がよいことのあかし」であるという側面もあります。

　ただ、もし月経による不快な症状が毎月あるのなら、それは減らすことができるということを知ってほしいです。この章ではそのための解説をしていきます。

　大切なのは「妊娠をしたい時に妊娠しやすい、健康なからだを目指す」こと。このようなことを含む、将来の妊娠のためのヘルスケアを行うことを「プレコンセプションケア」といいます。いつか妊娠したいという人、したくないという人、まだ考えられないという人、いろいろだと思います。ただ、つらかったり不快だったりする症状は不妊症につながることもあります。がまんする必要はありません。

　例えば、「今、妊娠したい」という時以外は、年３回程度の月経様出血（通常ごく少量です）ですむ低用量ピルを使うこともできます。ぜひかかりつけの婦人科で（まだなければぜひかかりつけ医をつくって）相談してみてください。

月経のメカニズムとトラブル

　人に個性があるように、月経も人それぞれです。ただし月経には、正常に働いている時の目安というものがあります。

- **月経周期**（月経開始日から、次の月経開始の前日までの日数）……25〜38日
- **月経の期間**（何日間続くか）……3〜7日
- **経血量**（月経の時に出る血の量）……20〜140mL

　この目安と比較して、月経にともなう出血の量が多すぎる／少なすぎる、症状が重すぎる／軽すぎる、月経の期間が長すぎる／短すぎる、周期が不規則である……などといった場合を「月経異常」といいます。

　月経は、脳や卵巣、子宮の連携による働きですから、毎月月経があるということは、健康のあかしでもあります。

　一方で、周期、期間、経血量などがその目安と大幅に違っている場合や激しい痛みなどの症状がある場合は、そのどこかにトラブルがあるというサインの可能性があります。

　病気につながるようなトラブルでも、早く見つけることで未然に防げる場合も多くあります。このことからも、普段から自分の月経について、よく観察して、手帳や月経管理アプリなどに記録しておきましょう。

また、月経にともなう不快な症状がある場合は記録をして、ぜひ医師に相談してください。がまんは病気のサインを見すごす原因になりますし、月経時を快適にすごせるようにすることはみなさんの権利でもあるのです。

産婦人科受診《３》のルール

ひとつでもチェックがついたらすぐに受診しましょう！

- ☐ 月経が３か月以上来ていない
- ☐ 出血が３週間以上止まらない
- ☐ １か月に３回以上出血があった
- ☐ 初経から３年たっても月経周期が安定しない
- ☐ 中３が終わっても初経が来ていない
- ☐ 昼でも夜用ナプキンが３時間もたない
- ☐ １か月に３回をこえて痛み止めを服用している

月経のしくみ

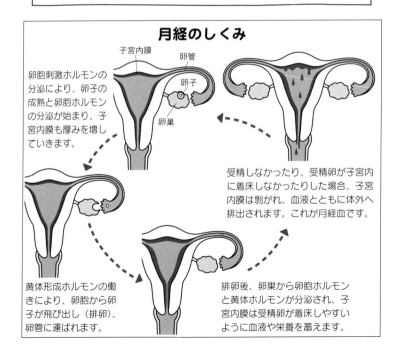

子宮内膜　卵管　卵子　卵巣

卵胞刺激ホルモンの分泌により、卵子の成熟と卵胞ホルモンの分泌が始まり、子宮内膜も厚みを増していきます。

受精しなかったり、受精卵が子宮内に着床しなかったりした場合、子宮内膜は剝がれ、血液とともに体外へ排出されます。これが月経血です。

黄体形成ホルモンの働きにより、卵胞から卵子が飛び出し（排卵）、卵管に運ばれます。

排卵後、卵巣から卵胞ホルモンと黄体ホルモンが分泌され、子宮内膜は受精卵が着床しやすいように血液や栄養を蓄えます。

月ごとのホルモンサイクル（28日周期の場合）

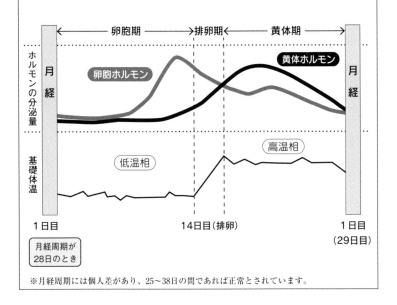

女性ホルモン（卵胞ホルモンと黄体ホルモン）の働き

卵胞ホルモン

・妊娠に備えて子宮内膜を厚くする
・乳腺の発達を促す
・丸みをおびたからだをつくる

黄体ホルモン

・子宮内膜に作用して妊娠を維持する
・体に水分をため、食欲を増進させる
・基礎体温を上げる

卵胞期　排卵期　黄体期

ホルモンの分泌量

月経

黄体ホルモン

卵胞ホルモン

月経

基礎体温

低温相　高温相

1日目　14日目（排卵）　1日目（29日目）

月経周期が28日のとき

※月経周期には個人差があり、25〜38日の間であれば正常とされています。

月経が来ないときって？

　月経が止まる理由は大きく分けて５つあります。①妊娠、②急激なダイエット、③ホルモン異常、④運動によるエネルギー不足、⑤ストレスです。

　このうち①の妊娠に心当たりがある場合（性行為をしている場合）は、「性行為から３週間後」には妊娠検査薬で調べることができます。

初経（はじめての月経）においての異常

　はじめて月経が来る年齢には個人差があるものの、日本人ではおおむね12〜13歳であるといわれています。

　これに比較して、初経が早すぎる（10歳未満）ことを「早発月経」、遅すぎることを「遅発月経」といいます。

　そして満18歳になっても初経がない場合を「原発性無月経」といいます。原因は個人差が大きいため一概にはいえませんが、早期に治療が必要なため、中学３年を終えても初経がない場合は、一度婦人科に相談をしてみましょう。

月経周期のトラブル

　月経とは、受精卵を迎えるために準備された子宮内膜が剥がれ落ち、血液とともに体外に排出される際の出血であるということはすでに説明しました。そして、この月経が正常に来ているか、何かトラブルが起きていないか、ということを確認するために重要なのが「月経周期」です。

　月経周期とは、月経がはじまった日から、次の月経がはじまる前日までをさします。周期には個人差がありますが、25〜38日の間であれば正常とされています。

　初経からしばらくの間は月経周期が不安定であることも少なくありませんが、５年ほどかけて安定した周期になっ

ていきます。

　周期が安定しないなど、「産婦人科受診《３》のルール」
（p.24）に当てはまる異常がある場合は、婦人科を受診し
ましょう。

頻発月経

　月経周期が24日以内の場合を「頻発月経」といいます。
　排卵をともなわない無排卵性の頻発月経は思春期の年代
に多くみられますが、多くは年とともに安定します。頻発
月経である場合は、ホルモン分泌にトラブルがあることが
考えられます。
　場合によっては貧血の原因にもなるので、月経が頻繁に
来る場合は専門家に相談をしましょう。

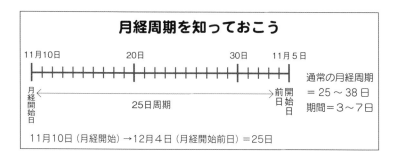

稀発月経

　月経周期が39日以上、３か月以内の場合を「稀発月経」
といいます。

初経が来てしばらくの、まだ月経周期が落ち着いていない時点での遅れであれば、あまり気にする必要はありません。

　月経周期が落ち着いて以降に、月経が３か月以上来ない場合を「続発性無月経」といいます。

　主な原因は、ストレスや、急激な体重の増減、激しいスポーツによる栄養・カロリー不足、甲状腺や下垂体のホルモンの病気などですが、そのほかの原因が潜んでいる場合もあるため、３か月以上の無月経の場合は、必ず婦人科を受診しましょう。

　３か月未満の無月経であれば、記録をつけながら様子をみましょう。なお、性行為があった場合は、妊娠の可能性も考える必要があります。

経血量の異常

　月経のある人は、自分の経血量についてどう思っているのでしょうか？　経血量を他人と比較する機会はなかなかありませんから、「多い」「少ない」ということは、判断しにくいと思います。

　そもそも、経血量についてはかなり個人差があり、平均的にも、ひと月の経血量は約20～140mLと大きな幅があります。一般的には月経2日目が最も多く、その後次第に減っていくとされています。

　そして、この平均的な経血量から著しく外れている場合、過多月経／過少月経の可能性があります。

過多月経

　月経血の量が正常より多い（140mL以上である）状態を過多月経といいます。

　特徴としては

・ナプキンが1時間もたない
・親指くらいの大きさのレバー状の血の塊が出る
・月経が8日以上続く（過長月経）

このような症状をともなう場合、過多月経を疑います。

　思春期の過多月経はホルモンの分泌異常によるものが多

く、その場合はホルモン治療によって整えることができます。ずっと正常な経血量だったのに、急に出血が増えたと感じる場合は子宮筋腫や子宮内膜症、子宮腺筋症などの病気が原因である場合もあります（思春期ではまれです）。

　過多月経は貧血の原因にもなるため、「産婦人科受診《3》のルール」（p.24）に当てはまるような場合は、すぐに婦人科を受診しましょう。

過少月経

　月経血の量が正常より少ない（20mL以下である）状態を過少月経といいます。

> ・ナプキンがほとんど必要ない程度の出血量
> ・月経が1〜2日の短い日数で終わる

　このような症状をともなう場合、過少月経を疑います。
　月経周期が整っている場合は、特に治療などの必要はありませんが、過少月経が続くと無月経になることもあるため、3か月以上月経が来ていない時は婦人科を受診しましょう。

レバー状態の血の塊は何？

　腟の中に停滞している間に血液が固まってできるのがレバー状の血の塊です。知らないとびっくりしますよね。
　たまに混じる程度であれば特に問題はありませんが、親指の先くらいの大きさの塊がたくさん出る場合は「過多月経」の可能性があります。

月経困難症（月経痛）

　月経痛によって、日常生活に何らかの支障を来している場合を「月経困難症」と呼びます。

　月経困難症の主な症状には以下のようなものがあります。

・下腹部痛	・頭痛	・おなかのはり	・腰痛
・吐き気	・疲労	・脱力感	・食欲不振
・イライラ	・下痢	・憂うつ	

　月経痛は、がまんする必要のない痛みであり、保険適用で治療することができます。

　市販の痛み止めを使う場合、少し痛くなりはじめたらすぐに飲みましょう。ただし、1か月に3回をこえて痛み止めが必要になるような痛みがあれば、まず婦人科で相談をしてほしいと思います。

　月経にともなって起こる痛みの原因は、器質性・機能性の2種類があります。

機能性の月経痛

　月経時には、子宮を収縮させる物質（プロスタグランジン：PG）が分泌されます。

子宮がまだ未成熟で、せまい子宮頸部を月経血が通るために強い収縮が必要となり、PGが分泌されることで引き起こされる月経痛が、機能性の月経痛です。

痛み止めを飲むことでPGの産生を抑えられるので、痛くなりはじめたらすぐに痛み止めを飲むようにしましょう。

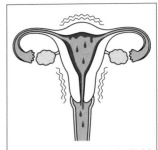

不要になった子宮内膜（月経血）を子宮の外に押し出すために、子宮が収縮することで月経痛が起こります。

器質性の月経痛

原因となる病気があり、その影響で起こる月経痛を「器質性月経困難症」といいます。原因となる病気は、子宮内膜症、子宮筋腫、子宮腺筋症などが考えられます（p.34）。

器質性月経困難症の特徴は、痛みが年々強くなってくる、ということです。痛み止めの量が毎年増えているな……という人は、早めに婦人科を受診してください。なお、器質性月経困難症は初経から5年以上経過してから発症することが多いといわれています。

PMS（月経前症候群）

　毎月同じ頃（月経の3〜10日前が多い）に、憂うつや頭痛などの、精神・身体症状が出ることを、月経前症候群（PMS）といいます。

　日常生活に支障が出るような症状がある場合は、楽にする方法がありますから、婦人科に相談をしてみましょう。

精神症状
・憂うつ　　・不安
・イライラ　・一人でいたい
・眠気　　　・悲しくなる

身体症状
・頭痛　　　・下腹部痛
・腰痛　　　・手足のむくみ
・にきび　　・食欲が止まらない

　PMSの症状のひとつに、眠っても眠っても眠い／いくらでも眠れてしまう……という強い眠気があります。月経前は妊娠に近いホルモンの状態になるため、からだを休ませようと眠気が強くなるのだと考えると納得がいきますね。生活に支障が出て困っている場合は、婦人科を受診しましょう。

月経トラブルの原因となる病気

子宮内膜症

　子宮内膜症とは、子宮内膜や
それに近い組織が、子宮の内側
以外の場所にできてしまう病気
で、卵巣（図A）、子宮筋層内
（図B）、腹膜（図C）にできる
タイプがあります。月経がある
女性の約1割に発症するといわ
れ、特に20代から30代に発生
することが多いです。

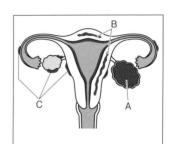

A　卵巣にできた子宮内膜症
B　子宮筋層内にできた子宮内膜症
C　腹膜にできた子宮内膜症

　子宮内膜症になった部位では、女性ホルモンの影響で子
宮内膜が増殖し、月経時には出血が起こります。卵巣・子
宮筋層内にできるタイプでは、子宮のように腟を通じて体
外に排出することができないために、たまった血液によって
炎症が起きます。腹膜にできるタイプの場合、周囲の組織
と癒着を起こし、さまざまな痛みをもたらすことがあります。

　なお、子宮筋層内にできるタイプのものは、子宮腺筋症
と呼ばれます。

《子宮内膜症の症状》
　主に下腹部痛や腰痛、性交痛や排便痛などの症状が起こ

ります。子宮内膜症は進行していく病気なので、年々その
ような症状が強くなっているという場合には、子宮内膜症
の可能性を考えて、婦人科を受診しましょう。病状の進行
を食い止めることができます。

　また、組織の癒着などによって不妊症が引き起こされる
場合もありますが、早期発見で予防することができます。

《子宮内膜症が起こる原因とされている説》

　月経血の大部分は腟を通じて排出されますが、この際、
一部が卵管を通じておなかの中（骨盤内）に逆流すること
があります。そうして月経血の中に含まれる子宮内膜組織
が骨盤内に運ばれ、周囲に付着して育つことで子宮内膜症
が起こるといわれています。

　特に、現代では昔に比べて出産の回数が減ったことで、
生涯における月経回数が増加しているため、子宮内膜症が
起こる人も増えていると考えられています。

子宮筋腫

　子宮筋腫とは、子宮を構成している平滑筋という筋肉組
織にできる良性の腫瘍です。発生頻度は比較的高く、30
歳以上の女性の20〜30％にみられるといわれています。

　筋腫は、できた部位によって症状や、治療が必要かどう
かも変わってきます。

　筋腫が育つ時の自覚症状として「月経の出血量が増えて
いく」というものがあります。このような症状があるよう

なら、産婦人科に相談しましょう。

《子宮筋腫の症状》

　子宮筋腫の症状として、粘膜下筋腫（図A）の場合は、過多月経、過長月経、月経痛、貧血などがよくみられます。筋層内筋腫（図B）、漿膜下筋腫（図C）など、腫瘍が大きくなって周囲の臓器を圧迫している場合には、頻尿や排尿困難、便秘などの症状がみられる場合もあります。

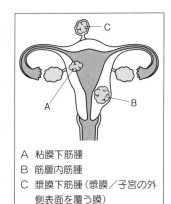

A　粘膜下筋腫
B　筋層内筋腫
C　漿膜下筋腫（漿膜／子宮の外側表面を覆う膜）

　無症状の場合、治療の必要はなく経過観察となることがほとんどです。

《子宮筋腫ができる原因》

　子宮筋腫ができる原因は不明ですが、卵胞ホルモン（エストロゲン）の影響で大きくなることはわかっています。

子宮内膜症や子宮筋腫の早期発見のために

　月経の出血量が多くて困っている場合、月経痛で悩んでいる場合、どちらもがまんする必要のない症状ですから婦人科を受診してみましょう。

　がまんせずに婦人科に相談しておくことが、子宮内膜症や子宮筋腫の早期発見にも役立ちます。

月経時を快適にすごす方法

　月経時、どのようにすごしていますか？

　月経時に困っていること、不安なこと、改善したいことはありませんか？

　毎月やって来るものだからこそ、快適にすごす方法を知っておくことは大切です。ここでは、月経時を快適にすごすポイントを説明します。

《**自分に合った生理用品を使おう**》

　お気に入りの生理用品はありますか？　肌に触れるものですから、もしも使っていて違和感がある、かぶれてしまうなどという場合はがまんせず、相性のよい生理用品を探してみてください。まず最初はデザインで選ぶというのもよいと思いますよ。

　時折「性交経験がなくてもタンポンを使ってもいい？」と聞かれることがあります、これはもちろんOKです。タンポンは、経血量の少ない日なら朝入れて8時間は入れっぱなしですごすことができます。部活動の時などもタンポンを使うと快適ですよ。

《からだを温める》

　下腹部の痛みなどがある場合は、痛みのある部位を中心に温めることが有効です。

　腹巻きやカイロ、湯たんぽなどを利用するのもよいでしょう。また、食事や飲み物でからだの中から温めることも有効です。

　冬場や、夏に冷房のきいた室内にいる場合は、からだを冷やさないように心がけましょう。

《ストレッチ》

　月経中、骨盤内の血流が滞ることで、月経痛が強まることがあります。

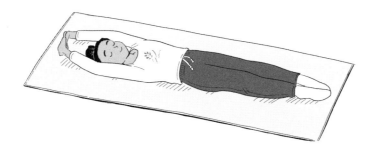

ストレッチなどでからだをほぐし、血行を促すことは、痛みを軽減したりからだをリラックスさせたりする効果があります。

　骨盤内の血流をよくするイメージで運動をしてみましょう。

《清潔を保つ》

　皮膚のかぶれなどを防ぐためにも、経血量が少ない時も、ナプキンはこまめにかえましょう。

　また、月経時こそ、からだを温めるためにもシャワーだけではなく湯船につかって入浴をするとよいでしょう。経血量がよほど多くない限り、湯船の中で経血が出ることはありません。心配な場合は、タオルを折りたたみ、外陰部に当てて入浴することをお勧めします。

　公共の浴場ではタオルを湯船に入れるのはマナー違反になりますから、タンポンや月経カップなどを使ってみましょう。

《バランスのよい食事》

　女性ホルモンが正常に分泌されるためにも、栄養バランスのよい食事をとることは大切です。

　また、月経によって毎月少量とはいえ血液を失うこともあり、若い女性には貧血を起こしている人が少なくありません。貧血は、重症でない限りは症状に気づくのが難しい病気です。貧血を予防するためにも鉄分の多い食材、鉄分の吸収を助ける食材をとるようにしましょう。

　また、月経時に食欲が増す人もいると思います。これは、妊娠しやすいように働く黄体ホルモンの影響で、脂肪や糖

分などをからだに蓄えようとしているのです。

《十分な睡眠をとる》

　睡眠はすべてのからだの健康のもとになる大切なものです。

　朝、太陽の光を浴びることで脳のスイッチが入ります。そして眠る前に分泌されるメラトニンというホルモンがよい眠りに導いてくれます。

　メラトニンの材料となるたんぱく質をとることは、よい眠りのためにも大切です。摂取15〜16時間後にメラトニンの材料となるといわれているため、朝食にたんぱく質をとるとよいでしょう。

　また、眠る前にスマートフォンを使ったりしていませんか？　スマホやタブレットなどの強い光は、脳を覚醒させてしまいます。眠る1時間前からは、スマホなどの画面を見ないようにしましょう。

《低用量ピル》

　月経時は「からだを休める時期」だと割り切ってもよいと思います。しかし「そんなひまはない！！」という場合は、低用量ピルを活用することができます。

　低用量ピルは、女性ホルモンの「卵胞ホルモン（エストロゲン）」と「黄体ホルモン（プロゲステロン）」が含まれた薬です。

　１日１錠服用することで、脳に「妊娠している状態」だと勘違いさせ、排卵を止める効果があるため、それにともなって妊娠を避ける効果も期待できます。

　また、子宮内膜を育てないという働きもあるので、月経の際の経血量が減り、月経痛も軽減されます。また、ホルモン分泌のサイクルを一定に整える効果によって、PMSやそれにともなう肌荒れを軽減するなどの効果もあります。

Q. いくらくらいかかるの？

　月経困難症や子宮内膜症の治療目的で処方される場合は保険適用となり、ひと月に800円〜2300円程度かかります。

　避妊やPMS、肌荒れ治療などの目的では自費診療となり、2000円〜3000円／月程度かかります（2022年現在）。

Q. 副作用はある？

　服用を開始したばかりの時期はホルモンバランスの変化によって一時的に、軽い吐き気や眠気、下腹部痛や不正出血などの副作用が出ることがありますが、３回程度でおさ

まることが多いです。

　副作用が強い場合は、ピルとの相性が悪いか、何らかの原因がほかにあることが考えられるため、かかりつけ医に相談をしましょう。

　また、低用量ピルには血栓症などのリスクもあるので、処方には医師の診察が必要です。はじめて服用する前には医師からの説明をしっかりと受けて、安心してスタートしましょう！

　月経にまつわる憂うつな症状は「がまんしなければいけないもの」ではありません。

　妊娠を希望していない時期の月経との付き合い方は「がまん」なしでいきたいものですね！

体 験 談

低用量ピルを使ってみて

　私はずっと、生理の前になると泣いたり、死にたいとか、マイナスな言葉を言うようになったりして、別人のように暗くなってしまうのが悩みでした。

　そんなある日、付き合っている人に勧められて婦人科を受診してみました。どうせ治らないと思っていたのですが……ピル（低用量ピル）を使いはじめたら、あっという間に楽になって、なんでもっと早くいかなかったのだろうと思いました。

　この経験で、からだのことで困っていることがあったらすぐ婦人科へいこう！　と思うようになりました。

月経のことで困ったら……
婦人科に相談だ！

　月経のトラブルがある、ピルの処方をしてほしい、妊娠したかもしれない……という際に、どの病院に行けばいいのか、知っていますか？

　女性のからだのトラブルについて、頼りになるのが「婦人科」や「産婦人科」です。このうち、婦人科は女性の一生に寄り添う医療機関です。産婦人科は、産科と婦人科の両方を兼ねた医療機関で、産科は妊娠から出産までの検査や治療を行います。

　よく「このくらいの症状で病院に行っていいのかな？」と悩む声を聞きます。

　からだの不調は人によって出方も異なりますから、あなたが「このくらい」と思っている症状は人によっては「すごくつらい」である可能性もあるのです。ですから、なるべくがまんはせずに、月経が憂うつに思えるような症状がある時や、いつもと違う症状がある場合は、ぜひ婦人科に相談してみてください。

　月経のタイミングをずらしたい、HPVワクチン（p.111）を打ちたい、などの相談も婦人科ですることができます。

　かかりつけの婦人科ができると、その後も相談しやすくなりますから、「（受験・合宿などがあって）月経をずらしたい」「HPVワクチンを受けたい」など、相談事があったら、ぜひ婦人科に行ってみましょう！

どんな診察をするの？

　必ず行われるのは、症状などについて質問する問診です。参考になるよう、月経や月経にともなう症状の記録、お薬手帳などを持参しましょう。

　思春期の女性が月経痛などで産婦人科を受診する際は、おなかの上から超音波（エコー）検査を行います。エコー検査とは、からだの表面に検査用のゼリーを塗り、超音波の出る器械（プローブ）を当てて検査を行い、はね返ってくる反射波を映像化して病気を見つけるものです。

　痛み止めやピルなどを服用しても回復しない場合は、次の段階の診察として「内診」を行います。内診とは、ズボンと下着を脱いで椅子に座り、腟の方から行う診察です。抵抗を感じる人もいるかもしれませんが、いきなり内診を行うことはありませんし、もし内診を勧められても「まだ心の準備ができていないな」という時は断ってもかまいません。

　なお、出血が続く、かゆみがあるなどの場合は、はじめから内診で診察させてくださいね。

第 3 章

射精

を

知ろう！

はじめての射精「精通」

　思春期の男子にとって、おちんちん（男性器／ペニス）は気になる存在だと思います。小さい頃から何気なく触ったり、興味本位にいじったりします。そんなことをしていく中で次第に、ペニスを触ると気持ちがいいこと、勃起している時は特に気持ちがいいことなどに気づきます。

　10歳をすぎる頃になると、勃起した状態のペニスを触っているうちに、尿道から白くて粘り気のある液体が飛び出てくることがあります。これを射精といいます。出てくるのは精液で、その中には精子が含まれています。

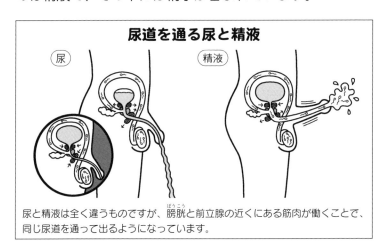

尿道を通る尿と精液

尿

精液

尿と精液は全く違うものですが、膀胱と前立腺の近くにある筋肉が働くことで、同じ尿道を通って出るようになっています。

　男性が、生まれてはじめて経験する射精のことを精通といい、眠っている間に経験する人もいます。眠っている間に射精することを「夢精」といいます。

精通は早ければ10歳頃、遅くとも18歳頃までに経験します。ただし、精通が起こる年齢は個人差がとても大きいため、人と比べる必要はありません。

　精液には独特のにおいがあり、ネバネバしているため、自分の精液を「汚い」と思ってしまうかもしれません。特に、夢精で精通を経験すると、朝起きたら下着がネバネバした液体でぬれていたため「もらしたのか？」と思ってしまったという人もいて、その第一印象から余計に「汚い」イメージをもってしまう場合もあります。

　しかし、精液は汚いものではありません。精通が起こるということは、からだの機能的に「性交によって妊娠を引き起こすことが可能になる／動物のオスとして子孫を残すことができる」からだになったということです。ですから、射精できるようになったということは成長のあかしなのです。

　まだ精通を迎えていない、という人は、そのうち夢精するかもしれないという心の準備をしておくのもよいでしょう。

- 尿道からは、尿以外にも白いもの（精液）が出ることがある
- 下着やシーツが汚れたら親に相談する
- 親に相談するのが恥ずかしかったら、自分で下着やシーツを洗ってしまう

　ここまで心の準備ができていればOKです。

射精と精子

　前ページでは、精通について、そして射精の時に出てくるのが精液であることを説明しました。
　この精液には、女性のもつ「卵子」と結合することで受精卵を作ることができる「精子」が含まれています。

　ペニスは性的刺激によって勃起します。性的刺激は、ペニスへの接触だけではなく、頭の中での想像やアダルト動画などを見た時などにも起こります。
　性的刺激が持続して与えられ射精が近づいてくると、尿道球腺（カウパー腺）から、カウパー腺液が分泌されます。カウパー腺液には、尿で酸性になっている尿道内をアルカリ性にして、酸性に弱い精子が死なないようにする役割もあります。
　射精のはじまりは、まず精巣上体にある精子が精管（精子を尿道まで運ぶ細い管）を通って射精管（前立腺の中にある尿道につながる短い管）へと入ります。射精管で、精子は精嚢と前立腺からの分泌液とが混ざり合い、精液となります。
　健康な男性の射精を詳しく観察した研究によると、射精開始の３〜５秒前に前立腺部尿道が開いて、精液の一部が入ってくると同時に、前立腺部尿道の膀胱側（内尿道口）が閉鎖することがわかったそうです。この時、本人の感覚

は「射精が起こりそう」から「もう射精をがまんできない」へと変化していきます。そして、その直後に、精液の大部分が精嚢から射精管を通って、一気に尿道へ流出していきます。

　そして、骨盤部と尿道周囲の筋肉のリズミカルな収縮により、精液は外尿道口から体外に放出されます。この筋肉の収縮（特に最初の２〜３回の強い収縮）に合わせて強いオルガズム（快感、超気持ちいいという感覚）を自覚し、後半の収縮になるに従ってオルガズムは弱まっていくことが多いです。感覚的には、射出される精液の量が多い時の方が、少ない時に比べてオルガズムは強く、つまりより気持ちよく感じられます。

　ちなみに１回の射精で放出される精子の数は、個人差や体調による変動も大きいのですが、平均すると１〜４億といわれています。射出された精子は空気に触れると数時間で死んでしまいますが、女性の子宮頸管や子宮内では３〜７日ほど生存します。

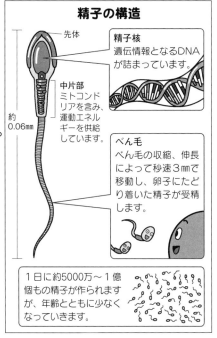

精子の構造

先体

精子核
遺伝情報となるDNAが詰まっています。

約
0.06mm

中片部
ミトコンドリアを含み、運動エネルギーを供給しています。

べん毛
べん毛の収縮、伸長によって秒速３mmで移動し、卵子にたどり着いた精子が受精します。

１日に約5000万〜１億個もの精子が作られますが、年齢とともに少なくなっていきます。

マスターベーションによる射精

　突然ですが、読者の中で「マスターベーションで射精をしたことがある」人は、どのようにマスターベーションをしていますか？

　標準的なやり方は、勃起した陰茎を軽く握り、亀頭部を刺激するように、上下に手を動かす方法で、おそらく多くの人は、習うこともなく、このようにしていると思います。

　この、手を使ったマスターベーション（自慰行為やオナニーと呼ぶ人もいますし、最近ではセルフプレジャーと呼ぶこともあります）は、自分一人でできる性交（セックス）の疑似体験です。男女の性交では、陰茎を腟内に挿入して前後に動かすことにより、陰茎が全体に粘膜に包まれた形で刺激を受けます。つまり、陰茎を筒状にした手に入れ、包まれた形で刺激をすることで、実際の性交の時の状態に近づけることができるというわけです。

　では、そのようにマスターベーションを行った時、毎回気持ちよく射精できているでしょうか？

　おそらく大多数の人は、精液がたくさん出る時や少ない時があったり、すごく気持ちがいいと思う時もあればなんかすっきりしないまま終わる時があったりする……など、いろいろな射精を経験していると思います。もしかすると、今まで気持ちのいい射精を経験したことがないという人も

いるのかもしれませんね。

　うまくいった射精は、とても気持ちがいいものです。そして、気持ちよく射精するにはちょっとしたコツがいります。そのコツは、例えるならゴム鉄砲のコツに似ています。

　いわゆる「気持ちのいい射精」は、精液がビュッと勢いよく遠くに飛ぶような射精なのです。

　挿入に至る前に射精してしまう、もしくは挿入したとたんに射精してしまう、いわゆる「早漏」に悩む男性の多くは、「出したくなったらがまんせずにすぐ出す」というマスターベーションをしています。逆に、性交の時になかなか射精できない「遅漏」や「腟内射精障害」を自覚する人も最近増えています。この場合は、マスターベーションでもなかなか射精できない場合が多く、原因のひとつは射精の練習不足と考えられています。

　先に説明したような「手によるマスターベーション」をする際には、「握る強さ」と「刺激をする場所」という２つのポイントを押さえましょう。

　いつか、パートナーとの性生活を楽しみたいと思った時のためにも、自分の意思で射精をコントロールできるようになっておくことが理想的です。

（男女に共通するマスタベーションについてはp.66へ）

不適切なマスターベーションとは

　標準的なマスターベーションがあるということは、不適

切なマスターベーションのやり方もあります。その代表的なものには、以下のようなものがあります（カッコ内は通称です）。

・床や布団などにペニスをこすりつけて射精する（床オナ）
・常に脚をピンとさせた状態で射精する（脚ピンオナ）
・常に強く握ってしごいて射精する（強グリップオナ）
・早くしごいて射精する（高速ピストンオナ）
・水流をかけた刺激で射精する（シャワーオナ）
・電動マッサージ器などで振動を与えることによって射精する（電マオナ）

　これらの方法がなぜ不適切かというと、このような方法で射精する習慣があると、高い確率で性交の時に射精することができなくなるからです。これを「腟内射精障害」といいます。

　性交の際に射精ができなければ、子どもをつくることも難しくなります。不適切なマスターベーションの習慣がある人は、早めに標準的なマスターベーションで射精ができるように練習することをお勧めします。

男性器はさまざま

　古今東西、男子はペニスの色や形や大きさに悩んできました。みなさんの中にも"チンチンあるある"といえるような悩みをもっていたり、聞いたりしたことがある人がいるでしょう。

　女性でも、外性器や胸の形や大きさ、色などを気にする人は少なくありません。中には"おっぱいあるある"といえるような悩みもあるでしょう。

　そのように自分のからだについて、悩むことはおかしなことではありません。背が高い人や低い人、痩せている人や太っている人、肌や目や髪の色が人種によってさまざまなように、ペニスの色や形や大きさもさまざまです。

　ただ、大切なのは付き合う相手をからだの特徴で決めることはない、ということです。例えばスタイルのよい芸能人に憧れていたとしても、実際に好きになるのは「スタイルのよい人」であるとは限らないことと同じです。それは、人を好きになる時は、その人の性格やいろいろなことをひっくるめて好きと判断するからです。

　つまり、大切なのは「持ち物（からだの特徴）」よりも「持ち主（性格・その人全体）」なのです。

　自分のからだについての感じ方は、その人の健康、自分自身で感じる自分のイメージ（セルフイメージ）、そして

その人の行動に影響を与えます。悩むことは悪いことではありません。が、自分のからだを一番大切にできるのも自分自身です。まずは、ありのままの自分を「いいね！」と受け入れてみることが大切です。

包茎

さあ、それでは典型的なペニスとはどのようなものでしょうか？　実は、多くの日本人は、ペニスについて諸外国（特に欧米人）の人々とは少し違うとらえ方をしています。

まず、常に亀頭に包皮がかぶっていて、むこうとしても亀頭を全部露出できない状態を「真性包茎」といいます。これは日本人も欧米人も同じ認識です。

次に、普段は亀頭に包皮がかぶっているけれど、勃起したり自分でむいたりすれば亀頭が露出できる状態を日本人は「仮性包茎」と呼んでいますが、欧米人は普通のペニスだと思っています。そして、勃起していない時も勃起した時も常に亀頭が露出しているペニス（むけたペニス）を、日本人は「普通のペニス」だと思っている場合が多いですが、欧米人は割礼（宗教上の理由で幼少期に包皮を切除した状態）をしたペニスだと認識しています。

「仮性包茎」（普段は亀頭に包皮がかぶっていて、包皮を手で引っ張れば亀頭が露出する状態）は病気ではなく、治療する必要はありません。実際、日本人男性の半数以上が仮性包茎ですから、むしろ「普通」の状態といえます。仮性包茎は、健康や性交の面でも、何も問題はない状態なの

です。

　医学的に「包茎」と見なされるのは、包皮を十分にむけず亀頭を露出できない「真性包茎」です。真性包茎で注意してほしいのは、亀頭とペニスの境目（冠状溝）にあか（恥垢）がたまり、炎症が起こりやすくなることです。そこで、包皮をむく練習をして、冠状溝をちゃんと洗えるようにします。

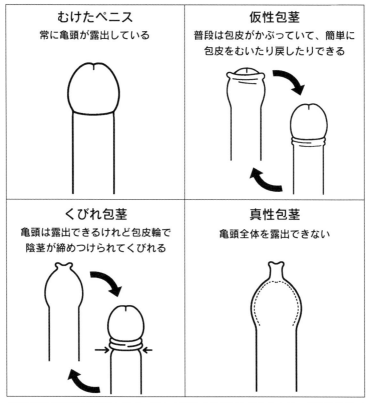

仮性包茎は病気でも何でもなく、日本人男性の半分以上にみられる一般的な状態です。真性包茎で炎症を繰り返す場合は、泌尿器科を受診しましょう。

男性器のケア

　男性器のケアといっても特別なことをする必要はありません。みなさんは、お風呂に入った時にからだのいろいろなところを洗うと思います。頭、顔、首、手、おなか、背中、おしり、足など。それぞれの場所を洗うのと同じように、性器も石けんなどをつけて優しく洗いましょう。ごしごし洗う必要はありません。

　陰部は蒸れやすいため、においが気になるという人もいるかもしれません。特に夏場は汗をかくため、余計に気になることもあるでしょう。仮性でも真性でも亀頭に包皮がかぶっている場合には、きちんとむけるところまでむいてから、刺激の少ない石けんで毎日きれいに洗うようにしましょう。特に亀頭の根元のところ（冠状溝）には汚れがたまりやすいので、しっかり洗いましょう。

　真性包茎の人や、むくと一応亀頭が露出できるけれどむいた包皮によって亀頭や陰茎が締めつけられてくびれた状態（適当な呼び名がないので「くびれ包茎」と呼ぶことにします）になる人は、お風呂で洗う時に包皮をむく練習をするといいでしょう。

　亀頭が見えるところまで包皮を引っ張り、むけるところまでむいてから戻す。これを1セットとして、一度に20セット繰り返します。これを「ムキムキ体操」といいます。多く行うほど効果的なので、お風呂のほか、トイレにいっ

た時やマスターベーションの時にも行うとよいでしょう。

　ムキムキ体操で気をつけてほしいのは、少しずつ無理し
すぎない程度に行い、むいたら必ず戻すということです。
真性包茎やくびれ包茎の人が、むいた包皮を戻さずにその
まま放置すると、亀頭やむいた包皮が腫れてしまう「嵌頓
包茎」になります。嵌頓包茎は、放置すると腫れがひどく
なって治りにくくなるので、早めに病院を受診しましょう。

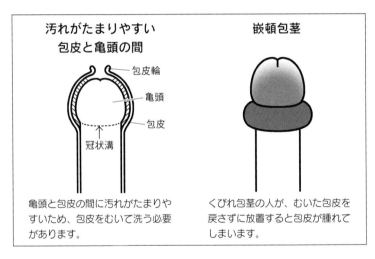

汚れがたまりやすい
包皮と亀頭の間

- 包皮輪
- 亀頭
- 包皮
- ↑ 冠状溝

亀頭と包皮の間に汚れがたまりやすいため、包皮をむいて洗う必要があります。

嵌頓包茎

くびれ包茎の人が、むいた包皮を戻さずに放置すると包皮が腫れてしまいます。

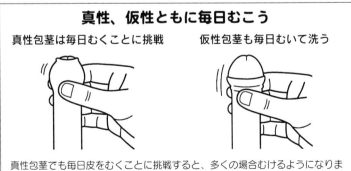

真性、仮性ともに毎日むこう

真性包茎は毎日むくことに挑戦　　**仮性包茎も毎日むいて洗う**

真性包茎でも毎日皮をむくことに挑戦すると、多くの場合むけるようになります。完全にむけるようになるまでに半年かかる人もいます。

男性器の病気

　思春期の男子が気をつけないといけない男性器の病気は
そんなに多くありませんが、知らずに放っておくと怖い病
気が、前章で出てきた「嵌頓包茎」のほかにもいくつかあ
ります。

精巣捻転症

　精巣捻転症とは、突然の激しい陰嚢部の痛みで始まり、
だんだん陰嚢部が腫れてくる病気です。その痛みを例える
なら、野球のボールが精巣に当たった時のような痛みが
ずっと続く感じです。発症するのは夜間の睡眠中が多く、
下腹部痛や吐き気を強く感じることもあります。６時間以
上放置すると精巣が壊死してしまうため、とにかく早く病
院を受診することが大切です。

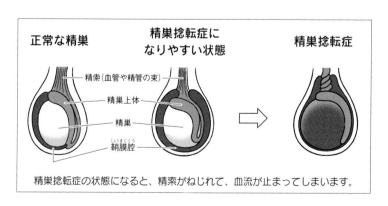

精巣捻転症の状態になると、精索がねじれて、血流が止まってしまいます。

精巣がん

　精巣は陰茎ほど見たり触ったりする機会がないかもしれ
ませんが、若い時から時々触る習慣をつけ、変化がないか
チェックすることをお勧めします。

チェック方法[※]

　指でオーケー（OK）サインを作って、自分
の精巣のサイズと比べて、OKサインより精
巣が大きければOKです。OKサインよりかな
り小さい、OKサインより2倍以上大きい、
右と左で極端に大きさが違う場合は要注意で
す。また、触ると硬い、しこりがある場合も要注意です。

　痛みがないのにだんだん精巣が大きくなってきていて、
触ると硬いところがあるような場合には、精巣がんが疑わ
れます。すぐに泌尿器科を受診しましょう。

精索静脈瘤
（せいさくじょうみゃくりゅう）

　精索静脈瘤は、精巣やその上の精索部（精管、血管、神経、
リンパ管などを覆う3層構造の膜）に静脈瘤（静脈の拡張）
ができる病気です。
　男性の15％にみられ、90％以上が左側に発生します。
進行すると精巣周囲の静脈が拡張し、陰嚢の皮膚がボコボ
コと腫れて見えます。男性不妊の原因になることもあるた
め、違和感や痛みがある場合は、一度泌尿器科を受診する
とよいでしょう。

※参考文献：池田稔、池田景子「お〜い男子諸君！！たまには玉の大きさ気にしろよ！　〜精巣自
己触診の勧め〜」『日本性科学会雑誌』30巻、1・2号、63〜68ページ、2012年

泌尿器科ってどんなところ？

　男性器に気になる症状がある場合に、受診するのが泌尿器科です。

　泌尿器科といっても、まだ受診したことがない人には、どのような診療科なのか、あまりイメージが湧かない場合も多いと思います。

　泌尿器とは、おしっこを作って、からだの外に出すために働く器官のことです。男性の場合、このおしっこの通り道（尿路）と精子の通り道（精路）が前立腺で合流しています。つまり、泌尿器科は、尿路と精路の病気、泌尿器（腎臓、尿管、膀胱、尿道）と男性生殖器（陰茎、前立腺、精巣）の病気を主として扱う科なのです。

第4章

性行動
について
考えてみよう

親密な関係を育むための
コミュニケーション

　動物が子孫を残すための行動を、日本語では「交尾」と
いいます。しかし、ヒトの場合だけは交尾とは呼びません。
ヒトが子孫を残すための行動は特別に「性交（セックス）」
と呼ばれています。この行動を引き起こす欲求は「性的欲
求＝性欲」と呼ばれ、生存欲求に基づく本能的な行動だと
されていますが、果たしてそれは本当でしょうか？

　動物の場合、多くは種固有の儀式化された求愛行動など
を経て子孫を残すための相手を確保します。
　ヒトの場合も、子孫を残したいという欲求をもった時、
パートナーを見つけて、相手の同意を得ることができたら、
子孫を残すための「性交」を行うことができます。
　しかし、ヒトが多くの動物と異なるのは「子孫を残すた
め」だけに性交を行うのではないという点です。
　ヒトは動物の中でも珍しく、生殖の目的がない時にも、
コミュニケーションを目的とした性交を行います。コミュ
ニケーションとして性交をするには、相手を信頼していな
いと難しいですよね？　だから、性交にたどり着ける関係
になるためのコミュニケーションも必要になります。
　この場合の行動は、「性欲」よりさらに高度な「性交欲」
と呼びたいところです。そして、この「性交欲」を満たす
ために、ヒトに必要なものは、高度なコミュニケーション

能力だということになります。

　サケの受精の様子を知っていますか？　サケのメスは川の中に産卵し、つがいのオスはその卵めがけて、精子を振りかけます（放精）。しかしこの時、どさくさにまぎれて、通りすがりのほかのサケのオスも精子を振りかけることがあるのです。このような行為はヒトの「性交」や動物の「交尾」とはかなり違うことがわかりますね。

　しかし、ヒトのオスはメスの体内に確実に精子を届けることが必要で、そのためにも相手の同意が必要なのです。

　つまり、ヒトが性的欲求をかなえるためには、親密な関係を育むのに必要なコミュニケーション能力のトレーニングが、どうやら必要なのです。

性的指向

　性別というと、何を思い浮かべますか。一般的には、からだの性、特に外性器の性で区別された、男性・女性を思い浮かべることが多いかもしれません。しかし「性別」というのは実は多様なものです。

　性別には主に４つの側面があります。

《からだの性》
　身体的特徴で判断される性のこと。「生まれた時に割り当てられた性別」という呼び方もあります。

《性自認》
　自分自身をどのような性だと認識しているのかということ。自分のことを男性だと思うか、女性だと思うか、どちらでもあると思うか、自分のことを「性別を超越した存在だ」と思うかなど、さまざまです。

《性的指向》
　どんな性別の人を好きになるのかということ。男性を好きになるのか、女性を好きになるのか、どちらも好きになるのか、好きになるのに性別は関係ないと思うかなど、多様です。また、他者に対して性的欲求をもたないという性的指向の人もいます（p.14）。

《表現する性》
　人は服装、髪形、話し方などを通じて、自らの性のあ

り方を表現しています。民族、文化にもよりますが、一
般的に男性的とされる表現／女性的とされる表現があ
りますが、どのような表現をするかはその人次第です。

　性的指向によっては、ヘテロセクシュアル、レズビア
ン・ゲイ・バイセクシュアルなどという呼び名もあります
（p.14）。
　また、近年では性的少数者を代表して、LGBT（Q）など
と呼ばれることもあります。ただし、一人ひとりの性は多
様で、型に当てはまるとも限りません。

　もっとフラットに、すべての人の性を表現する言葉が、
「SOGI」です。SOはSexual Orientation（性的指向）の
頭文字、GIはGender Identity（性自認）の頭文字で、組
み合わせて「SOGI」と呼んだり、Gender Expression（表
現する性）と合わせて、「SOGIE」などと呼ぶようになっ
てきています。
　SOGIEで考えてみると、すべての人が、性の多様性の
中の一員であるということに気がつくはずです。

　さて、ここで確認したいのは、性的欲求によって引き起
こされる性行動は、性的指向に基づいているものだという
ことです。
　このことからも、人が生殖「だけ」を目的として性行動
を行うわけではないことがわかります。

マスターベーションの役割

　ここでは、私たちがマスターベーションをする動機について考えてみましょう。マスターベーションは、自慰行為やオナニーと呼ぶ人もいますし、最近ではセルフプレジャーと呼ぶこともあります。

　男女ともに「幼い頃からなんとなくマスターベーションをはじめていた」という人もいると思います。自分の性器への関心と確認から性器いじりがはじまり、さらに成長過程で性器の発達への興味からマスターベーションを体験するというものです。

　思春期になると性的欲求が強くなってきます。この時期になるとマスターベーションをする動機は「手っ取り早く自分の性的欲求を満たす」手段のひとつとなります。どんどん湧き上がってくる自分の性的欲求の処理、または解消のためにマスターベーションをする人は多いです。

　男性は射精する瞬間にオルガズムを得ることができます。女性の場合は、個人差も大きいですが、クリトリス（p.12）への刺激によってオルガズムを感じやすいとされています。オルガズムは、快感やエクスタシーともいわれ、とても気持ちがいいものです。マスターベーションは、この「性的快感」を確実に味わうための方法でもあります。

　アダルト動画やアダルト雑誌などの性的に魅力的なもの

を見たり、性的に魅力的な人と出会ったりすることにより、マスターベーションがしたくなることがあります。

　また、気分転換のためにマスターベーションをする人もいます。思春期は悩みの多い時期です。勉強などのストレスや、さまざまな悩みから自分を一時的に解放させるためにマスターベーションが行われることがあります。

　マスターベーションをすることは、いろいろなことを感じるきっかけにもなります。心理的な性のストレスやプレッシャーから脱出できたという解放感。性交の代償行為のように感じる空しさから来る虚脱感。性的なことに対する自己規制や快楽を抑制する価値観による罪悪感。軽いスポーツをした後のような疲労感……。

　重要なのは、マスターベーションをすることで、自分の中にあるエロスと対面することです。つまり、自分はどんな性的な好みをもっているのか、マスターベーションをするたびにさまざまな性的自己の確認ができるのです。

マスターベーション：気をつけたいポイント

・プライバシーが守られた空間で行う
　　自分の部屋や鍵のかかる部屋、お風呂やトイレなどでリラックスして行いましょう。
・清潔に行う
　　性器はデリケートですから、触れる前に爪が伸びていないかを確認して、手を洗っておきましょう。
・優しく触れる
　　強すぎる刺激は射精障害などの原因にもなります（p.52）

性交（セックス）について

性行動とは

　自分自身の性的関心や性的欲求に従って行われる性的な行動を「性行動（Sexual Behavior）」といいます。少し難しくいうと「人間として、性的本能の充足に関係する行動や、性的ふるまいを経験し表現する方法」ともいえます。

　自分のからだや、他者と親しい関係になることを楽しみ、身体的なよろこびや興奮を覚えるのは自然な感情です。

　そこには他者との身体的な親密さも含まれることが多いのですが、中には他者と性的な関係をもちたいと感じない人もいます（p.14）。

　他者との身体的な触れ合いは、多くは幼少期のおんぶや抱っこにはじまり、成長するに従ってキスや性交などの性行為が含まれてきます。

性交…性的欲求に基づく性器の接触や結合のこと（腟性交、口腔性交（オーラルセックス）、肛門性交（アナルセックス）など）

性行為（性的接触）…性交に加え、マスターベーションやキスや愛撫（あいぶ）なども含む。

性行動…性的欲求に基づく行動すべてのこと。

性的刺激に対する反応

　性的刺激によって興奮すると、男女ともに全身の反応として、皮膚の紅潮（赤くなること）、発汗や心拍数の増加（ドキドキする）が起こります。また、男性はペニスの勃起が起こります。

　性的刺激には、アダルト動画などの目や耳から入ってくるもの（頭で感じる性的興奮）と、ペニスやクリトリスなどを触ったり触られたりすることによるもの（からだで感じる性的興奮）があります。

　頭で感じる性的興奮とからだで感じる性的興奮とは、お互いに関連し合って性的興奮を高め、性反応がさらに強くなります。

生殖としての性行動、愛情表現としての性行動

　人間の性行動には３つの側面があります。子孫を残すための行為としての性行動（生殖の性）、快楽を追及するための行為としての性行動（快楽の性）、そして、好きな人と一緒にいたいという気持ちを満たすための性行動（連帯の性）です。

　人間も動物であり、種の保存への本能があるために「子どもをつくりたい」という気持ちから性交をすることがあります。これが生殖のための性行動です。

　妊娠は卵子と精子が卵管内で出会い（受精）、子宮に到達

した受精卵が子宮内膜に着床することで成立します (p.84)。男性の精液は、毎回濃度や運動率は異なりますが、無精子症でない限りほぼ毎回の精液に精子が含まれています。精子は女性の体内で3〜7日程度生存することができます。一方、卵子は1回の月経周期に、1回しか排卵されず、長くても24時間しか生きられません。つまり、卵子が存在している時に精子が卵子に出会わなければ受精することができず、妊娠もしないのです。

　従って、生殖のための性交では、女性の月経周期から排卵日を予測するなどの準備をしたうえで行う必要があります。もちろん、妊娠ができた場合に、子どもを育てられる状況かどうかも考えなくてはいけません。

「快楽の性」や「連帯の性」は必ずしも生殖を目的としているわけではない性行動です。人間以外の多くの動物は、いわゆる繁殖期以外には性交をしないといわれています。つまり人間は、繁殖期以外の時期でも性交をする珍しい動物なのです。

　では何のために行われているかというと恋人やパートナー、夫婦間における「愛情表現」として、好きな人と一緒にいたいという気持ちや、好きな人と一緒に気持ちのいいことをしたいという感情から行われています。

性的同意

　性的同意とは、性行為の際にお互い積極的に性行為を望んでいるか、確認をとることです。

　ここでの「同意」とは、言葉を使って「〜してもいい？」「うん、したい！」と確認し合うことをいいます。お互いが積極的にその行為をしたいという「心からの積極的なYES」を確認することが重要となります。

　そこに何らかの力関係（例：年齢差や体力の差、職場での上下関係など）が発生していたり、正確な判断ができない状況であったりする場合は、同意とはいえません。また、同意はいつでも変更したり撤回したりできます。

　また「性的同意」の範囲は性交だけではなく、キスやからだに触れること、手をつなぐことなども含まれます。これは、からだのことを決める権利はその人自身にあるからですね（p.8）。

記念日デート行ってきたよ！

インターネットの普及にともない、若者の性に関する情報源は、雑誌からネットに変わっていきました。しかしネットの情報には根拠のないものも少なくありません。また、アダルトビデオなどの性表現には、女性をモノのように扱うものも多く、性的な行為の前に明確な同意を得ている描写はまだほとんどありません。

　そのような情報をうのみにして行動に移してしまわないよう、また、性暴力に巻き込まれないためにも、実際にセクシャルデビューを迎える前に、男女問わず、みんなが「性的同意」について学んでおくことが必要です。

　とはいえ、大切な関係性の相手であればあるほど、自分の気持ちを伝えにくいと感じる場合もあるでしょう。「NOといったら嫌われるのではないか」「大好きな相手だから希望をかなえてあげたい」「性行為を受け入れてくれるほかの人に、パートナーを奪われてしまうのではないか」などの思考になることは容易に想像できます。

　しかし、自分が本当に希望していないときには断っていいのです。自分の気持ちを相手に伝えてみることが大切で、またそれを受け入れてくれる相手こそが自分を大切にしてくれる人なのです。

　一方で、「NO」といわれても、「あなたがNO」ということではないかもしれません。「今」「この場所で」「あなたと」のどれかがNOなだけで、あなたが嫌いだという意味とは限らないのです。相手を知るためには、まずコミュニケーションが大切です。

性的同意に必要な4つのYES

相手	時(タイミング)	場所	方法
この人との関係はOK?	今はOK?	この場所はOK?	性行為についての知識・意見はOK?

これら4つの問いに積極的なYESを返せてはじめて「性的同意」となります。

考えてみよう

Q. 付き合っていればキスをしてもいい？

 キスくらいはその場の流れでいいんじゃない？

 心がまえをしておきたいから、いきなりは怖いな

> キスのほかにも、手をつなぐ、頭をなでるなど、からだに触れる行為を行う際には、相手の許可をとるようにしましょう。

Q. NOと言われたら嫌われたってこと？

 交際しているのなら、NOといっても今はまだ心構えができてないだけかもしれないよ

 同意をとってくれる時点で信頼できる人だと思うな

> 断る時には「あなたのことは好きだけど、もう少し待ってほしい」などと言葉を加えるのもよいかもしれません。

性的な関係をもつために必要な成熟

　好きな相手がいて、その人と触れ合いたいと思う気持ちは自然なことです。ただ、誰もがそうであるとは限りませんし、一度OKしたからといって、常に同じ気持ちを持ち続けているとも限りません。

　思春期の年代は、性に関する感情も身体的な機能も変化していく時期にあります。お互いの意見を聞き、どちらかが「したくない」と思っている時は性行為は避けるべきです。

　また、性行為（性交を含む）は性感染症や意図せぬ妊娠などのリスクをともなうものでもあります。

　性行為をするためには、その準備として性感染症予防や避妊の知識などを得て「自分の意見」をもっていることが必要です。

これらについて話し合ってみよう

・セックスについてどう思っている？
・そもそもセックスをしたいと思っている？
・セックスについて、不安に思っていることはある？
・（自分たちの）避妊はどうする？
・（自分たちの）性感染症の予防はどうする？
・もし妊娠したとしたら、誰に相談できる？

性的同意をするために
必要な「知識」

　先ほど（p.71）「性的同意」について解説をしました。

　恋人ができて、相手と性的な触れ合い（手をつなぐ、キスをするなども含みます）をしたいと思った時、自分勝手に行動するのではなく、相手に確認をとり、お互いがそうしたいと思っていることを確認することが大切だということです。

　同意するためには「（自分たちの）避妊はどうする？」などと話し合える関係であること、お互いの意見をもっていることが大切です。

　では、もしあなたが「性的同意」をしてもいいなと思った時、その同意をするためには何が必要でしょうか？

ライフプランを考えよう

　あなたはいつ「妊娠」をしたいですか？（もちろんパートナーの妊娠も含みます）

　性交（セックス）には「妊娠」の可能性があります。

　自分もしくはパートナーが「妊娠をした」場合、育てることは可能でしょうか？

　若いことを理由に不可能だとはいいません。実際に、私の元に受診に来た方でも、17歳で妊娠をして出産するこ

とを選択した人もいます。

　みなさんの多くは今、将来の夢に向かって勉強やスポーツ、文化的な活動など、いろいろなことを頑張っている最中なんじゃないかなと思います。

　赤ちゃんを育てるためには経済力が必要です。生活の面でも、例えば夜中にも３時間おきに授乳が必要だったり、世話の合間に炊事や洗濯などの家事が必要になったり、それまでとは一変することでしょう。

　それはつまり、今頑張っている真っ最中のことを、一旦中断しなければならない可能性がある、ということでもあります。

　ですから、「妊娠しない方法」を知っておき、「今妊娠したい」という時以外はそれを実践することが必要です。

　そのための方法として、まず第一にあげられるのは「性交をしない」です。これは当然ですね。

　でも、いつかは性交をするという選択をする時が来るかもしれません。もちろん、したくない人は一生しなくたって大丈夫です。ただ、もし「する」選択をする時、妊娠したら困るタイミングなのだとしたら「避妊をする」ということを必ずセットで行ってください。

　また、性行為は「性感染症」の感染リスクをともなうものです。性感染症の中には、感染しても無症状のものがあり、感染していることに気づかずに他者に感染させてしまうこともあります（p.98）。

　では、感染しないためには何が必要なのか。これを知ら

ずに性的同意をするのはあまりにも無防備です。

　つまり、性的同意をするためには、「予期せぬ妊娠」や「性感染症」などの予防法や治療法、未来への影響などをお互いに知っていることが必要です。知らずに、ただ「好きだから」で性行為をしようとすることは相手の危険を顧みない行為です。それでは、自分も相手も「大切にしている」とはいえませんよね？
　いつか性的な触れ合いをしたいなと思う相手ができたときに「話し合うための意見をもつ」ために、「避妊法」と「性感染症の予防」の知識が必要なのです。

いざという時にどう行動するかが大切

　ちゃんと避妊していたとしても、予定しない妊娠になってしまうことはあります。性感染症にかかることもあります。
　その時、誰に相談し、どう行動できるのか。そのための選択肢を知って、それを選び取ることができる「知識」と「社会環境」が大切です！
　私たち大人も社会環境を整えられるように頑張っているからね！

代表的な 避妊方法＆性感染症予防

コンドーム

　薄い袋をペニスにかぶせることで、精子が腔内に入るのを防ぎます。性感染症の予防にも有効です。

精子をためる部分をつまんで空気を抜きながらペニスにかぶせる

爪で傷つけないように注意しながら、ペニスの根元まで巻き下ろす

ゴムと包皮が一体化するようになじませる

・コンドームの避妊率は100％ではありません（着用時の妊娠率は2〜13％）。
・使用中に破れてしまった／取れてしまったという失敗も起こり得ます。
・コンドームデビューが近づいたら、予習として、着用の練習をひと箱分くらいは行い、自分にとってやりやすい装着法をつかんでおきましょう。

低用量ピル

　人工的に女性ホルモンを投与することで、擬似的な妊娠状態を起こします。

・月経痛を軽くしたり、月経周期を整えたりする効果があります。
・毎日服用すればほぼ確実な避妊ができます。
・月経の予定を移動させて、ずらすことができます。
・にきびの原因となる皮脂の過剰分泌を抑制してくれます。
・性感染症の予防効果はありません。
・「血栓症」などの副作用もあるため、産婦人科を受診して処方されます。

IUD（子宮内避妊具）

子宮内に挿入して受精卵の着床を防ぐ避妊具です。

・産婦人科で医師によって子宮内に装着します。除去する時も医師が行います。
・最長で5年間効果が続きます。
・月経血量が増えることがあります。
・IUDの一種で、黄体ホルモンを放出する機能がついたIUS（子宮内黄体ホルモン放出システム）には、月経血量が減る効果があります。

緊急避妊薬（アフターピル）

避妊に失敗した時や性被害にあった時などに使用されます。

・性交後、72時間以内に女性が服用することで妊娠する可能性を下げます。
・産婦人科を受診して処方してもらう薬です（2023年4月現在）。
・値段が高額（7000～2万円）になります。
・性感染症の予防効果はありません。

性の情報を検索するときは

・複数の情報を比べてみよう
　→ひとつの情報元ではなく、複数の情報を比べてみましょう。
・発信している人は誰か
　→できればそのテーマの専門家の解説を複数読み比べてみましょう。
・サイトの目的は何か
　→アクセス数狙いの刺激的な記事や、ステルスマーケティングに注意しましょう。

妊娠についての不安や悩みがある時は

「避妊に失敗してしまったかもしれない」「彼女を妊娠させてしまったかもしれない」など、妊娠にまつわる困りごとや不安を、電話やメールで相談できる窓口が全国各地にあります。

全国のにんしんSOS相談窓口
https://zenninnet-sos.org/contact-list

相談機関の紹介

性暴力を受けた時は

同意のない性行為は「性暴力」です。

被害を受けた人は決して悪くありません。性暴力は人を傷つける、あってはならない行為です。

暴力を受けた時は、助けを求める権利があります。安全を確保したうえで、信頼できる大人や相談機関を頼ってください。

警察の性犯罪被害相談電話「＃8103（ハートさん）」

性犯罪被害者の専用電話。ダイヤルすると、発信場所を管轄する都道府県警察の性犯罪被害相談電話につながります。通話料無料。

犯罪・性暴力被害者のためのワンストップ支援センター「＃8891（はやくワンストップ）」

性犯罪・性暴力に関する相談窓口です。産婦人科やカウンセリング、警察、法律相談など、必要な機関につないでくれます。

すべての都道府県にあり、携帯電話・NTTアナログの固定電話からは「＃8891」で最寄りのワンストップ支援センターにつながります。通話料無料。

性暴力に関するSNS相談「Curetime（キュアタイム）」

年齢・性別・セクシュアリティを問わず、匿名で性暴力の悩みについて相談を受けつけています。

チャット相談（毎日17時〜21時まで）のほかにも、メール相談や外国語での相談を受けつけています。

https://curetime.jp

自分のからだのことで悩みがある時は

JFPA思春期・FP相談LINE

　思春期のからだについての心配ごとを相談できる窓口です。緊急避妊の相談もできます。

　受付時間：月～金曜日10:00～16:00（祝祭日休み）

性的指向・性自認についての相談窓口

AGP　こころの電話相談

　LGBTQ+の当事者の悩みや心の問題、またそのご家族の悩みについて対応します。

　　　電話番号：050-5806-7216

　　　受付時間：毎週火曜日20時～22時

http://www.agp-online.jp/Tele_Counseling.html

一般社団法人にじーず

　10代から23歳までのLGBT（かもしれない人を含む)が集まれるオープンデーを定期開催しています。

https://24zzz-lgbt.com

さまざまな悩み相談

よりそいホットライン（一般社団法人 社会的包摂サポートセンター）

　どんな人の、どんな悩みにもよりそって一緒に解決する方法を探す電話相談です。

　　　電話番号：0120-279-338

　　　（岩手県・宮城県・福島県からは）TEL：0120-279-226

　　　受付時間：24時間365日対応

https://www.since2011.net/yorisoi/

Q. セックスする雰囲気になったとき、彼が「（コンドームが）ないけど大丈夫だから」と言ってきたんだ。この「大丈夫」ってどういう意味？

 もし妊娠したら結婚して一緒に育てようってこと？

 妊娠なんてしないって、という意味だったら無責任だよね

 コンドームがないってことなら"今日はなしだな"と思うよ

コンドームをしない性交は、妊娠の可能性があるだけではなく、性感染症の感染リスクもともなうものです。パートナーとは、性交をする前にきちんとお互いの考えを対等に話し合える関係を築きましょう。

Q. コンドームがなくても、外出し（腟外射精）すれば大丈夫なんじゃないの？

 それって避妊法じゃないよね？

 こういわれたら、付き合う相手の体を大事にできない人なんだなと思うな

 コンドームを使うことはお互いの体を大事にするためにも必要だよね

男性器からは、射精前から精子を含む分泌物が出ているため、腟外射精では避妊も性感染症予防もできません。

第5章

妊娠

と

出産

妊娠のしくみ

　男性の精巣で作られた精子がペニスの尿道を通って、女性の腟内で放出され、卵管の中で卵子と出会って受精することで「受精卵」となります。そしてこの受精卵が移動して子宮内膜に着床することで「妊娠」が起こります。

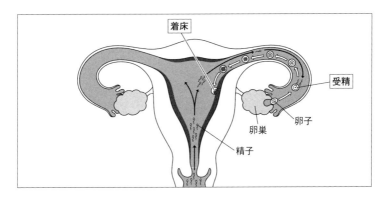

　婦人用体温計を知っていますか？　普段熱を測る時に使う体温計よりも下一桁、細かく測ることのできる体温計です。

　毎朝、目が覚めた時の体温を記録していくと、月経の初日を１日目と数えて２週の「低体温期」、さらに２週間の「高体温期」があることがわかります。そして次の月経がはじまると再び「低体温期」になります。

　この低体温期から高体温期に切り替わる時期を「排卵期」といいます。排卵期とは、１か月に一度、卵巣から卵子が出てくる（排卵）時期のことです（p.25）。

卵子と精子のタイムリミット

　排卵された卵子が受精卵となるためにはタイムリミットがあります。実は卵子はたったの１日、12時間〜24時間しか受精をすることができないからです。

　そのため、早く赤ちゃんが欲しいという人はこの排卵期にタイミングを合わせて性行為を行うなどの工夫をします。

　一方で、排卵期を避けて性行為をしたからといって、確実に避妊ができるわけではありません。

　なぜなら、男性の精子は女性のからだの中で３日〜７日間生き続けるといわれているからです。そして女性の月経周期もそれほど正確なものではありませんから「排卵日」を正確に測ることも難しいのです。特に思春期の頃はちょっとしたストレスで簡単にずれるものです。

　ですから、この時期であれば確実に妊娠できる／この時期を避ければ確実に避妊ができる、といえるような日はないことを覚えておいてください。

　一方で、女性が自分で自分のからだのリズムを知っておくというのはとても大切なことです。

「妊娠したかもしれない？」と思って最初に産婦人科を受診した時、必ず聞かれる質問も「最終月経はいつですか？」です。妊娠していた時に、妊娠何週目かを知る手がかりになります。

胎児の成長と出産

　受精卵が着床して「妊娠」が起こった後、そこから約10か月をかけて赤ちゃんが成長します。産婦人科では1か月を28日、1週間を7日でカウントしますが「最終月経から40週」というのが生まれてくる目安になります。

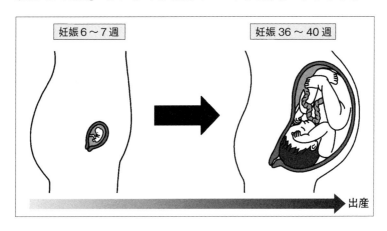

　妊娠から出産までの期間、母体にはどのような変化があるのでしょうか？　妊娠を初期、中期、後期に分けて説明していきます。

妊娠初期（妊娠〜15週）

　妊娠にともなう症状には個人差がありますが、早い人では妊娠5〜6週目頃から妊娠初期症状として「つわり（吐き気やにおいに敏感になるなど、人それぞれ）」という妊

娠時特有の症状や、眠気をもよおす、食欲不振になる、などの症状が起こります。

　これらの症状は、妊娠とともに、妊娠に関わるホルモンが大量に分泌されるために起こります。

　妊娠に関わるホルモンには「hCGホルモン」「卵胞ホルモン（エストロゲン）」「黄体ホルモン（プロゲステロン）」の３種類があります。この中で妊娠時にのみ分泌される妊娠を維持するためのホルモンがhCGホルモンで、受精卵が着床すると尿中に現れるようになります。市販の妊娠検査薬が尿による検査なのはこのホルモンの分泌をチェックしているためです。

　卵胞ホルモンは、妊娠に備えて子宮内膜を厚くするなどの働きがあり、妊娠後は産後に分泌される母乳を作るために乳腺を発達させます。

　黄体ホルモンは、子宮内膜を厚く保ち、妊娠の継続を助けます。基礎体温を上昇させる、食欲を増進させる、乳腺を発育させるなどといった働きもあります。

　なお妊娠初期は、受精卵の遺伝子の状況によって流産になることが多くあります。腹痛や出血が起きたら、すぐにかかりつけの産婦人科を受診することが重要です。

妊娠中期（16週〜27週）

　体調が安定してきて、赤ちゃんの胎動を感じはじめる時期です。赤ちゃんの成長にともない、子宮も大きくなりま

すので、外見からもおなかが目立つようになります。

妊娠後期（28週〜40週）

　この頃になると、胎児の動きも頻繁に感じられるようになります。母体に負担がかかりやすくなる時期なので、無理をせずにすごすことが重要です。

出産

　妊娠がわかったとき「出産予定日」とされるのは「妊娠40週０日め」です。ただし、この予定日はあくまでも目安でありこの日ぴったりに生まれてくるというのは20人に１人程度です。

　母体の健康と赤ちゃんの身体機能や臓器の発育などを考えると、出産予定日前後を含めた「妊娠37週０日〜41週６日までの35日間」に生まれることが望ましいとされています。

　なお、妊娠37週よりも前に生まれることを早産といい、NICU（新生児集中治療管理室）などで全力で救命が行われます。

　妊娠42週をすぎて生まれることを過期産といいますが、胎児にリスクをともなうため、42週をすぎないよう、分娩を早めるための処置を行う場合があります。

　お産が近づいてくると、子宮の収縮による「前駆陣痛」

が起こります。バラバラの間隔で起きていたものが次第に規則的に変化していき、やがて10分以内に周期的に起こるようになったら本格的な陣痛です。

　やがて、赤ちゃんが入っている卵膜が破れ、中の羊水が腟から流れ出てきます。これを「破水」といいます。

　出産方法は大きく２種類に分類されます

・経腟分娩
　　産道を通って赤ちゃんが出てくる方法です。
・帝王切開
　　腹部と子宮を切開し、直接赤ちゃんを取り出す方法です。経腟分娩が難しいと判断された場合などに選択されます。

正常な妊娠であることの確認が大切

　妊娠の初期には異所性妊娠（受精卵が正所である子宮内膜以外の場所に着床すること）や胞状奇胎（異常な受精卵や胎盤組織が増殖したもの）などの、正常ではない妊娠があります。

　このような場合は、女性の命にも関わることがあるため、早期発見のためにも、性行為があって、月経が遅れているなど、妊娠したかもしれない時は、妊娠検査薬を使って調べたり、産婦人科を受診したりしましょう。

産む選択／産まない選択

　妊娠や出産をするための機能が備わっているということは、男性のからだとは異なる健康上の課題があるということでもあります。

　健康に暮らすためには、自らのからだについて正しい情報を入手し、自分で判断できることが大切です。これは1章（p.8）で解説した「性と生殖に関する健康と権利（Sexual and Reproductive Health and Rights：SRHR）」にも含まれている権利です。

　そして、この「性と生殖に関する健康と権利」の中心課題には、いつ、何人子どもを産むか／産まないかを選ぶ自由、安全で満足のいく性生活、安全な妊娠・出産、子どもが健康に生まれ育つことなどが含まれています。

　つまり、赤ちゃんを産むか産まないか、女性が自分で決めることができる、というのは、女性が自分のからだを守るための権利でもあるのです。

　前の章で解説したとおり、今妊娠したい、という状況ではない場合には避妊をすべきです。

　ただ、避妊をしていても、時には予期しない妊娠をしてしまうことがあります。「今はまだ若すぎて子どもを育てられない」「すでに子どもがたくさんいて経済的にこれ以上育てるのは難しい」などというケースもあるでしょう。

産まない選択をした場合にとれるのが「妊娠中絶」です。これには妊娠11週までの方法と21週までの方法があります。

　なお、人工妊娠中絶は「胎児が、母体外において、生命を保続することのできない時期」である妊娠22週未満において選択することが認められており（母体保護法）、22週をすぎた場合は法律で禁止されています。

11週までの方法

　吸い出す方法（吸引法）と子宮の中身を掻き出す方法（掻<ruby>爬<rt>は</rt></ruby><ruby>法<rt>ほう</rt></ruby>）とがあります。日帰りの場合もありますが1泊2日の処置で行われることもあります。費用の相場は10万円〜15万円程度かかります。

妊娠12週〜21週までの方法

　子宮収縮剤で人工的に陣痛を起こして流産させる方法をとります。からだに負担がかかるため、個人差はありますが、数日間の入院が必要になる場合があります。費用の相場は35万円〜40万円ほどかかってきます。なお、妊娠12週以後の中絶手術を受けた場合は、役所に死産届を提出します。

　中絶は女性にとっての選択肢であり、権利です。とはいえ、中絶という選択が心とからだに与える影響は大きいも

のです。産めないと決めた時にはなるべく早く産婦人科に相談してください。悩んでいるうちにどんどん難しくなってしまいます。

　以前、出会った大学生の女の子は「（妊娠したかもしれないという時）妊娠検査薬をやってみるのが怖かった、もし妊娠していた時一人では受け止めきれないから」といっていました。

　なぜ一人で受け止めようとしてしまうのでしょうか。彼女にはきっとさまざまな思いがあったのだと思います。

　パートナーとは、妊娠したかもしれない、という時にすぐに相談できる関係、自分と相手を思い合える関係であってほしいと思います。

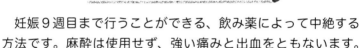

経口妊娠中絶薬について

　妊娠９週目まで行うことができる、飲み薬によって中絶する方法です。麻酔は使用せず、強い痛みと出血をともないます。日本では2023年に承認される見通しです（2023年４月現在）。

こんな時どうする？

**Q. 人工妊娠中絶を受けたいけれど、パートナー
と連絡がとれなくなってしまったらどうすれ
ばよい？**

　人工妊娠中絶手術を受けるためには、原則とし
て、妊娠した女性と性的パートナー、双方の署名・
捺印をした同意書が必要になりますが、未婚の場
合などは人工妊娠中絶同意書に性的パートナーの
同意は不要です。

　そのほかにも、性被害による妊娠である場合、
相手が亡くなっている場合、パートナーが誰かわ
からない場合なども同意書は不要とされています。

　しかし、トラブルを避けるためにか上記のよう
なケースでも、病院やクリニックによっては相手
の同意書を求められる可能性があります。

　もしも同意書を求められたがパートナーと連絡
がとれないなど、困ることがあった場合は、上記
の可能性も頭に入れたうえで、相談機関（p.79）
などを頼ってください。

自分たちの将来を想像してみよう

　今はまだ妊娠／出産はできないとしても「いつかは子どもが欲しい」と思っている人もいるでしょう。子どもをもつことだけではなく、自分の将来やりたいこと、パートナーの人生、子どもを育てる環境なども考えながら適切な時期を見極めるというのはなかなか難しいことです。だからこそ、まだ具体的な予定がないうちに想像して、考えてみることが役立ちます。

　また、妊娠には適した年代があります。

　例えば、女性の卵巣の中の卵子の数は生まれる前から決まっていて、そして35歳頃にはかなり減ってしまいます。男性の精子も、35歳をすぎた頃から卵子と受精する力が少しずつ弱まってくるといわれています。

　いつかは子どもが欲しいという場合、そのような条件も考えながら「いつ頃までに産みたいか」「何人欲しいか」「そのためにはどのような準備が必要か」などを具体的に考えてみることは、そのとおりにはいかないとしても将来の指針をたてるうえで役立つでしょう。

不妊治療について

「妊娠を望む健康な男女が、避妊をせずに性交をしている
にもかかわらず、1年間妊娠しない」という場合を不妊症
といいます。不妊の割合は妊娠を考えている夫婦の10組
に1組ほどはいるとされています。

　不妊の原因は、女性側、男性側どちらにもあり得ます。

　女性側の原因として考えられるのは「排卵がない」「卵
管が詰まっている」「子宮内膜に、受精卵が着床しづらい
状態である」などです。これらの予防や、病気の早期発見
のためにも、若いうちから月経に異常がある時は婦人科を
受診しておくことなどが重要になります（p.43）。

　男性側の原因として考えられるのは「精子を作る機能が
低下する」「性機能障害（勃起不全や射精障害）」「精子の
通り道が閉塞した状態である」などです。

　不妊の可能性がある時（目安としては妊娠を望んでいて
性交渉をしているのに1年たっても妊娠しない場合など）
は、まず医療機関で検査を受けましょう。原因となる病気
がわかれば、まずその治療を行います。

　夫婦ともに生殖器に原因がないことがわかる、もしくは
原因に対する治療をした後、妊娠を希望する際には不妊治
療を行います。

　代表的な不妊治療には「タイミング療法」「人工授精」「体

外授精」などの方法があります。

> 1）タイミング療法
> 　基礎体温や超音波検査、尿中のホルモン値などを参考にしながら排卵日を予測し、妊娠しやすい性交のタイミングをアドバイスする方法です。
>
> 2）人工授精
> 　女性側の排卵の時期に合わせて、パートナーの精子を子宮内に注入する方法です。自然妊娠との違いは精子が入る場所だけです。
>
> 3）体外受精
> 　卵巣に針を刺して卵子をとってきて、その卵子とパートナーの精子で受精卵となったものを子宮に戻す方法です。

子どもを産みたいのか、育てたいのか

　不妊治療の入り口に立つカップルには、「予算」「期間」「〜歳までに」などのリミットを決めてからはじめることを勧めています。

　また、そもそも自分たちの遺伝子をもつ子どもが欲しいのか、子どもを育てるということがしたいのかでも異なります。後者であれば、養子縁組によって親子になる方法もあります。事情があって生まれた家庭で育つことができない子どもを家族に迎えるという子どものための制度です。

　不妊治療はストレスのかかる治療でもありますから、自分たちは何のために不妊治療をはじめるのかということを考え、ゴールを設定しておくことを勧めています。

第6章

性感染症

性器に関わる病気

　この章では、性器に関わる病気、主に「性感染症」について解説していきます。

　性感染症は「いけない病気」でも「恥ずかしい病気」でもありません。性行為をするという生活習慣を選んだ人にとっての、単なる生活習慣病のひとつととらえましょう。そして予防→検査→治療の循環で、自分の感染やパートナーに感染させることを防いでいくことが大切です。

　検査を受けることや病院を受診するのはまだ無理！　という場合は「（まだ）性行為をしない」という選択肢がありますよ。

自分の性器の「いつも」を知っていますか？

　外性器に関わる病気には、炎症や感染、腫瘍など、さまざまなものがあります。早期に発見し、早期に治療するためにも、大切なのは「いつもと違う」ことがわかるために「いつも」を知っていることです。

　例えば、炎症を起こしている場合には「赤くなる」「かゆくなる」「熱をもっている」「腫れている」などの変化が起こる可能性があります。腫瘍の場合は、いぼができたり、しこりができたりなどの変化が起こります。

いずれの場合も「いつも」の様子がわからないと「いつもと違う」がわかりません。ですから、日頃から性器を見たり、触れたりしておくことが大切なのです。男性の場合は見たり触れたりする機会が多いと思いますが、女性の場合は少し見づらい位置かもしれません。ぜひ「いつも」の様子を知るために、日頃から見たり触れたりしてください。

性感染症とは？

　性感染症とは、基本的に性交などの性行為によって感染する病気で、多くは性器の粘膜や皮膚同士が触れることで病原菌やウイルスに感染します。

　性感染症には、80種類以上もの種類があり、中には自覚症状が出ないものもあります。

　感染しても症状が出ないと、感染していることに気がつかないまま誰かに感染させてしまう可能性もあります。さらに、自分が感染に気がついて治療をしたとしても、パートナーも一緒に治療をしないと、パートナーから再び感染してしまう……というケースもあります。ほかにも、性感染症に気がつかずに妊娠し、赤ちゃんが感染してしまう場合もあります。

　そのため、性的パートナーのいる人は、定期的な検査を受けること、少なくとも新しいパートナーができるたびに検査を受けることをマナーとしましょう。

性感染症予防

　性感染症を防ぐポイントは、No SexかSafer Sexです。

　No Sexは、「性行為（性交を含む）をしないこと」です。当然ですが、性行為がなければ、性感染症にかかることはありません。

　Safer Sexは、「より安全な性行為をすること」です。つまり、性行為は信頼できるパートナーとのみすること、不特定多数の人との性行為はしないこと、性行為をする時には必ずコンドームをつけること、などです。

　コンドームは、つけることで皮膚の直接の接触を減らせるという予防効果があります。しかし、周囲の皮膚や粘膜の接触を完全に防ぐことはできません。また、口腔性交などで口の粘膜などが触れることでも感染する場合があります。

　そのため、自分とパートナーのからだに責任をもてる（検査や治療を受けられる）までは「No Sex（性行為をしない）」という選択肢についてもよく考えてみましょう。

　また、性感染症予防には清潔も重要です。からだには性感染症の原因になる病原菌が付着している可能性があります。性行為の前には、性器はもちろん、皮膚や手指、口の中まで清潔を心がけましょう。

　ワクチンで予防できる感染症もあります。例えば、HPV（ヒトパピローマウイルス）、Ｂ型肝炎ウイルスなど

です。安全で効果的なワクチンが開発されたことは、性感染症の予防にとても大きな影響を与えました。

　Ｂ型肝炎ワクチンは、世界の９割以上の国で子どもに予防接種が行われています。日本でも平成28年から定期接種が始まりました。

　HPVワクチンは、子宮頸がんや中咽頭がん・陰茎がん・外陰がん・腟がん・肛門がん・尖圭コンジローマなどの原因となるHPVの感染を予防することができます。現在日本では、小学６年生から高校１年生までの女子に定期接種することが勧められています。しかし上にあげたように男性のがんや感染症の原因にもなることから、いずれ男子にも定期接種が実施されることが望まれています。

　　性感染症予防のまとめ

１）No Sex
　　・性行為をしないこと
２）Safer Sex
　　・コンドームを適切に使用すること
　　・不特定多数と性行為をしないこと
　　　　性的パートナーを複数もつこと／複数もつ相手とパートナーになることは感染リスクを高めます
　　・ワクチンや予防薬によって防ぐことができる性感染症もあると知っておくこと
　　・清潔を保つこと
　　・新しく性的パートナーができたら一緒に検査を受けること

早期発見・早期治療の大切さ

　性感染症の怖いところは症状が出ない場合があるという点です。自分は大丈夫と思っていても、実はすでに感染してしまっているケースがあるのです。そして、感染に気づかないまま性行為をすることで、パートナーに感染させてしまったり、パートナーから感染してしまったりすることもあります。

　感染に気がつかないまま放っておくこと、重症化などのさまざまなリスクがあります。ですから「一時的な自分だけの病気」としてとらえるのではなく、気づかずに感染してしまう、感染を広めてしまう、パートナーや子どもにも感染する可能性のある病気としてとらえ、予防することが大切なのです。

　それでも感染してしまうこともあるでしょう。しかし早めに感染に気がつくことができれば、重大な影響を残さずに治療をすることができますし、パートナーや子どもに感染させてしまうことも防げます。そのために大切なのが「検査」です。

「自分だけは大丈夫」と思わず、性行為の経験があれば、症状がなくても性感染症にかかっていないか、検査することをお勧めします。病院だけではなく、保健所で検査できるものもあります。また、自宅で検査できるキットなども販売されています。

　早めに発見して早めに治療をすることがとても大切です。

10～20代に多い性感染症

　実は、性感染症は10代～20代の若い世代に多いといわれています。特にクラミジア感染症、次いで淋菌（りんきん）による感染症、性器ヘルペス、尖圭コンジローマ、梅毒などは、若年での感染が少なくありません。

　例えば、クラミジア感染症は、2015年頃から増加傾向にあります。特に20代での患者数が一番多く、しかもほかの年代と比べても20代での増加率が一番高いのです。また、10代での患者数も毎年報告されていて、若い世代での患者数の増加が問題になっています。若いから大丈夫、という病気ではなく、若いからこそ注意しないといけない病気なのです。

　性感染症が若い世代に多い理由は何でしょうか。理由として考えられるのは、①性感染症そのものを知らずに性行為をしてしまうこと、②性感染症の存在は知っていても予防方法を知らないこと、③性感染症の予防方法を知っていても、その行動がとれないこと（恥ずかしい、お金がないなど）、④周りに相談しにくかったり、病院の受診をため

らったりすること、などです。

　性感染症が若い世代に多いということは、気づかずにほかの若い世代にも感染を広めてしまう可能性があるということです。

　感染に気づかず治療しないままでいると、妊娠しにくくなったり、重い症状が現れたりする場合もあります。

　ですから、早期発見・早期治療が大切なのです。

パートナーができたら検査を受けよう

・自治体の保健所などでは、匿名・無料でHIV検査や性感染症※の検査を受けることができます。
・検査の予約が必要な場合もありますので確認しておきましょう。

※会場によって検査を受けられる性感染症の種類が異なる場合もあります
※HIV検査の場合、感染リスクのある性行為をしてから、原則60日以上（即日検査では90日以上）経過していないと正確な結果が出ないことがあります。

HIV検査相談マップ
https://www.hivkensa.com

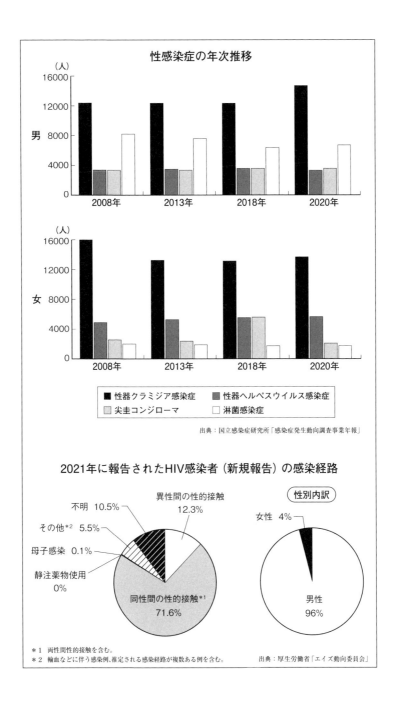

性感染症の年次推移

（人）

男

■ 性器クラミジア感染症　■ 性器ヘルペスウイルス感染症
□ 尖圭コンジローマ　　　□ 淋菌感染症

出典：国立感染症研究所「感染症発生動向調査事業年報」

2021年に報告されたHIV感染者（新規報告）の感染経路

不明 10.5%
その他*2 5.5%
母子感染 0.1%
静注薬物使用 0%
異性間の性的接触 12.3%
同性間の性的接触*1 71.6%

性別内訳

女性 4%
男性 96%

＊1　両性間性的接触を含む。
＊2　輸血などに伴う感染例、推定される感染経路が複数ある例を含む。

出典：厚生労働省「エイズ動向委員会」

性器クラミジア感染症

　クラミジア・トラコマティスという病原菌に感染し、炎症を起こす病気を性器クラミジア感染症といいます。

　自覚症状がない場合が多いため、感染に気づかないままパートナーに感染させてしまわないよう、新たなパートナーができるたびに一緒に検査を受けておくことがお勧めです。

《症状》

　性器クラミジア感染症は、すでにクラミジアに感染している人との性行為によって感染します。粘膜を介した感染であるため、口腔性交による喉の感染や肛門性交による直腸の感染などもみられます。

　自覚症状がない場合が多いですが、症状がある場合は以下のような特徴があります。

男性器の症状
・尿道のかゆみや不快感
・排尿時の軽い痛み
・尿道からうみ（透明〜乳白色）
　が出る
・精巣の腫れ

女性器の症状
・おりものの増加
・不正出血
・性交痛

《診察と治療》

　感染したまま放置していると、女性の場合は卵管や卵巣、骨盤へ、男性の場合は精巣上体へとクラミジアが侵入して炎症を起こすことで、不妊症の原因になる場合もあります。

　症状がない場合が多く、自力で気づくことが難しいため、新しい相手と性行為をする前には必ず検査を受けて予防をしましょう。

淋菌感染症

　淋菌感染症は、淋菌という細菌が原因で起こる性感染症です。口腔性交で喉に感染することもあり、性器の淋菌感染症にかかっている人のうち、10〜30％ほどは喉にも感染しているといわれています。そのほか、結膜や腸に感染することもあります。また、クラミジアと一緒に感染することも多いといわれています。

《症状》

男性器の症状

・尿道炎（尿の通り道の炎症）

　　尿を出す時に激しい痛みが起こったり、尿道から多量のうみが出てきたりします

・精巣上体炎

　　尿道炎を治療しないでいると、尿道から菌が上行して精巣上体炎（精巣上体の炎症）を起こすことがあります。治療しないでいると、両方の精巣に炎症が起こり、将来無精子症になってしまうこともあります。

女性器の症状

・子宮頸管炎

　　症状がないことも多いですが、時には陰部のかゆみやうみのようなおりもの、尿を出すときの痛みなどが起こることもあります。

・骨盤内炎症

　　子宮から卵管を通っておなかの中まで感染が広がってしまうと、腹痛や発熱が起こります。卵管まで感染が広がると、卵管が塞がってしまったり、うまく働かなくなってしまったりして、将来妊娠しにくくなってしまうことがあります。

《診断と治療》

　淋菌感染症は、それに感染した体液（尿やおりものなど）や血液などを検査することで診断できます。抗菌薬で治療しますが、薬が効きにくい菌が増えているといわれています。

梅　毒

　梅毒は、トレポネーマという病原菌が原因で起こります。主に、性交によって粘膜や皮膚の病変が触れることで感染し、全身に症状が出ます。皮膚や粘膜の細かい傷や、陰部の毛をそった部分などからよく感染するといわれており、口腔性交や、口の中や喉に感染している場合にはキスでも感染することがあります。

　梅毒に感染する原因のほとんどが性交といわれていますが、まれに妊婦さんが感染することで、赤ちゃんへ感染することもあります。

　近年、梅毒の感染者が急激に増加していることが問題となっています。

《症状》

　感染が起こると、感染した部分（男性では亀頭、冠状溝、包皮など、女性では陰唇、子宮頸部など）に硬いできものができます（第1期梅毒）。痛みはなく、治療しなくても一度は自然によくなるので気がつかないこともあります。しかし、その後数週〜数か月たってから、全身の皮膚（特に手のひらや足の裏）に湿疹が出はじめます（第2期梅毒）。熱が出たり、喉の痛みや頭痛などかぜのような症状が出たりすることもあります。湿疹は見た目にはおさまっても、治療しなければ何度も繰り返します。その後も治療せずにいると、数年から数十年後に神経や血管に重大な症状（大動脈炎、進行性麻痺など）が出ることがあります（第3期・第4期梅毒）。

　さらに梅毒にかかっている女性が治療をせずに妊娠すると、赤ちゃんは先天性梅毒にかかります。先天性梅毒は、赤ちゃんの発育不良、貧血、肝臓や脾臓の腫れ、角膜炎、難聴などを引き起こします。妊娠の早い時期に感染すると死産や早産となることもあります。

《診断と治療》

　梅毒は、病変をとって顕微鏡で観察したり、血液検査をすることで診断できます。抗菌薬で治療します。

性器ヘルペスウイルス感染症

　性器ヘルペスウイルス感染症は、単純ヘルペスウイルス（HSV）の感染によって、性器やその周辺に、痛みやかゆみ、不快感をともなう水疱（水ぶくれ）ができる病気です。感染力が強いため、症状のある（HSVを排出している）相手との性行為だけではなく、風呂やトイレ、口をつけるものの共用などでも感染することがあります。

　一度感染すると、体調不良やストレスなどをきっかけに再発することが大きな特徴です。

《症状》

　感染してから2〜21日程度で発症します。

　主な症状は痛みです。はじめて感染した場合は、外陰部の不快感やかゆみなどの前駆症状ののちに水疱ができ、それが破れることでただれるなどの症状があります。発熱、全身の倦怠感、足の付け根のリンパ節の腫れなどをともなう場合もあります。症状がおさまるまでには2〜4週間近くかかります。

　再発時は比較的症状が軽い傾向にありますが、体調が悪くなると再発しやすくなります。性器ヘルペスの6〜7割は再発によるものですから、再発対策が重要になります。

> **主な感染部位**
> 　男性…包皮、亀頭　　女性…外陰部、子宮頸部

《診察と治療》

　抗ウイルス薬を飲むことで症状はおさまります。軟膏などの塗り薬を併用することもあります。

　ただし、ウイルスをからだから消し去ることはできません。再発をしないように予防的に薬を飲む方法もあるので、感染してしまい再発しやすいなどの症状があれば、かかりつけ医に相談しながら、うまく付き合っていくことが大切です。

尖 圭 コ ン ジ ロ ー マ

　尖圭コンジローマは、性行為によってHPV（ヒトパピローマウ
イルス《6型、11型》）に感染することで起こる性感染症です。
　尖圭コンジローマに感染すると免疫力が低下することから、HIV
感染率も高まるといわれているため、感染の可能性がある際はすぐ
に医療機関で検査を受けることが大切です。
　なお子宮頸がんの原因となるHPVと尖圭コンジローマの原因と
なるHPVは型が異なります。

《症状》
　主な症状は、性器周辺や肛門周辺に「とがったピンク色〜茶色の
いぼができる」ことです。はじめは小さくても、放置していると大
きくなり、数も増えていきます。痛みやかゆみはありません。
　粘膜の傷口から感染するため、性器だけではなく、口や喉にも感
染します。
　尖圭コンジローマは潜伏期間が数週間〜8か月とかなり長いため
に感染源を特定することが難しいといわれています。

《診察と治療》
　軟膏などを用いた薬物療法や外科療法としていぼをとる方法があ
ります。
　また、子宮頸がん予防のワクチン（4価、9価）は尖圭コンジロー
マの予防にもなります。

子宮頸がんとHPVワクチン

　子宮頸がんとは、子宮頸部に発生する悪性腫瘍（がん）で、HPV（ヒトパピローマウイルス）への感染によって引き起こされることがわかっています。

　HPVに感染してもほとんどの場合は自然に感染が消失する一過性の感染ですが、まれに、数年〜数十年かけて子宮頸がんとなります。

　以前は発症のピークが40〜50歳代でしたが、最近は若い女性にも増加傾向にあります。

《症状》

　子宮頸がんは通常、早期にはほとんど自覚症状がありませんが、進行すると茶褐色・黒味がかったおりものが出ることや、不正出血（月経以外の出血）が出ることがあるので、これらの症状がある時は、すぐに婦人科を受診しましょう。

《診察と治療》

　がんになる前段階として、子宮頸部の組織に前がん病変（異形成）の細胞が増加します。定期的に検診を受け、異形成の段階で見つけることで、発症を予防することができます。

　また、子宮頸がんの予防として有用なのが「HPVワクチン」です。

《子宮頸がんは最も予防しやすいがん》

　子宮頸がんは日本において、年間に約1万人が診断され、約3000人が亡くなる疾患です。現在は30〜40代に多い病気で、小さな子どもを残して亡くなってしまうケースが多く発生していることから「マザー・キラー」と呼ばれることもあります。

　子宮頸がんの95％以上は、ヒトパピローマウイルス（HPV）というウイルスの感染が原因です。子宮頸部へのHPVの主な感染経路は性行為によるものです。HPVはごくありふれたウイルスですから、性行為の経験がある女性の半数以上はHPVに感染している

と考えられています。HPVに感染してもほとんどは自然に治りますが、一部は将来高度前がん病変や子宮頸がんを引き起こす可能性があります。

　ハイリスク型HPVの中でも、16型と18型は特に前がん病変や子宮頸がんへ進行する頻度が高いといわれています。そして、この16型と18型の感染を防ぐことができるのがHPVワクチンです。

　子宮頸がんでは、HPVワクチンによってHPVに感染しない、させないようにすること、さらにがん検診によるスクリーニングでがんを早期発見・早期治療することで、予防がしやすいといわれているがんです。

　HPVワクチン接種のベストタイミングはセクシャルデビュー（性行為開始）の前ですが、デビュー後でも打たないよりは打った方がよいとされています。

子宮頸がんなどの原因となるハイリスク型HPV

　ヒトパピローマウイルス（HPV）の遺伝子型は300種類以上あるといわれており、その中でもハイリスク型といわれている遺伝子型のHPV（16、18、31、33、45、52、58型など）が子宮頸部に感染することで起きるのが子宮頸がんです。なお、ハイリスク型のHPVは中咽頭がん、肛門がん、腟がん、外陰がん、陰茎がんなどの原因にもなります。

ＨＩＶ感染症

　HIV感染症は性感染症の重要な病気のひとつで、HIV（ヒト免疫不全ウイルス：Human Immunodeficiency Virus）というウイルスが血液や体液を介して感染します。一番多い感染経路は性交です。HIVに感染した血液や体液が性交で相手の粘膜や皮膚の傷口などから入って感染します。そのほか、HIVに感染した血液の付着した注射針からの感染や、HIVに感染しているお母さんの出産や授乳による母子感染などがあります。ほかの性感染症にかかっていると、HIVにも感染しやすくなるといわれています。そして、HIVに感染した後にほかの性感染症にかかると、重症化しやすく治りにくいといわれています。

《症状》

　HIVに感染すると、感染してから２〜６週間ほどで発熱、喉の痛み、筋肉痛、関節痛、頭痛、下痢などの症状が出ます（初感染期）。かぜなどにも似た症状なので気づかないことが多いです。この症状は一度はよくなりますが（無症候期）、その後数年〜十数年としばらくたってからエイズ（後天性免疫不全症候群：Acquired Immuno-deficiency Syndrome；AIDS）が発症します（エイズ期）。

　エイズは、全身の免疫機能が低下する病気で、普段は私たちのからだに悪さをしないような弱い菌にも感染を起こし、最悪の場合は死に至ることもあります。

《診察と治療》

　HIVは一度感染するとからだから完全にいなくなることはありません。以前はHIV感染症への有効な治療薬がなく、エイズを発症すると死に至ってしまう怖い病気でした。

　しかし医療の進歩によって現在は有効な治療薬があり、HIVが増えるのを抑えることでエイズの発症を防げるようになっています。そして、エイズが発症する前にHIV感染を発見できれば、ほぼ確実にエイズの発症を予防することができます。

無症候期はそれ自体の症状は気づきにくい一方で、ほかの性感染症にかかりやすい、原因がわからない熱や下痢などが起こるなどといった特徴があり、感染に気づくきっかけになります。

《U=Uとは》
　HIVの治療薬を飲み始めて１～６か月たつと、血液検査でHIVの量を測っても見つからない状態（検査限界値未満）になります。この状態になると、性交をしても相手にHIV感染させることは絶対にないということが科学的にも証明されました。このことは、検出限界値未満（Undetectable）とHIV感染しないこと（Untransmittable）の頭文字をとって、U=Uといわれています。自分のためだけではなくパートナーのためにもHIV感染の早期発見がとても大切です。
　HIVの治療薬は進歩しましたが、完全にHIVを取り除けるわけではありません。薬は一度飲み始めたら一生飲み続ける必要があります。また、心臓や腎臓、骨などに副作用が出ることもあります。HIVの治療薬があるから安心ではなく、HIVに感染しないように予防すること、感染しているかもと思ったら早く検査を受けることが大切です。

《PrEPとPEP》
　性交渉する前からHIV治療薬を内服し、HIV感染のリスクを減らすPrEPという予防方法があります。またリスクのある性交渉があった後にHIV治療薬を飲むPEPという方法もあります。

■ポジティブライン
・HIV陽性者と確認検査待ちの人、そのパートナー、家族のための電話相談です。
・無料・匿名でかけられます
電話番号：0120-02-8341
受付日時：月曜日～土曜日 13：00～19：00（祝日、冬期休業を除く）／
　　　　　木曜日 15：00～18：00はHIV陽性の相談員対応
運営団体：特定非営利活動法人 ぷれいす東京
https://ptokyo.org/consult/plhiv_partners_families

性 器 カ ン ジ ダ 症

　カンジダ属の真菌（カビの一種）によって起こる感染症のうち、性器に起こるものを「性器カンジダ症」といいます。

　カンジダ菌は、健康な人の皮膚や粘膜にも存在する常在菌で、体調不良などのきっかけによって性器で増殖し、かゆみやおりものなどの症状を引き起こします。

《症状》

　性器カンジダ症は、特に女性器に起こる場合が多いといわれています。

　主な症状は、女性の場合

> ・腟やその周囲のかゆみ
> ・白くて粘り気のあるおりもの
> ・性器の炎症
> ・性交痛

などです。

　男性器に起こることはまれですが、性交によって亀頭にカンジダ菌が付着するなどして亀頭に炎症が起こることがあります。

《診察と治療》

　性器カンジダ症は、体調を崩すなどのきっかけで再発しやすい病気です。体調のほかにも、ステロイド剤の使用や抗菌薬の乱用などで症状が出る場合があります。

　カンジダ菌は常在菌なので、性器カンジダ症は誰にでも起こる可能性がありますが、性器を清潔に保つことでカンジダ菌の増殖を防ぐことが予防にもなります。

　治療は主に塗り薬などで行われます。性器カンジダ症の症状がある場合は、すぐに医師の診断を受けましょう。難治性の場合は飲み薬もあります。

トリコモナス症

　トリコモナス原虫という微生物に感染して起こる病気で、特に女性の腟への感染が多く「腟トリコモナス症」と呼ばれています。性行為による感染が主で、女性の場合は腟や子宮の入り口、男性の場合は前立腺や精嚢に寄生しているトリコモナス原虫が精液や腟分泌液を介して感染します。

　原虫による感染なので、性行為だけではなく下着やタオル、便器、浴槽などを介して感染する可能性もあります。なお、日本では近年、感染者は減少傾向にあるといわれています。

《症状》

女性器の症状

・悪臭の強い、泡状のおりものが増加します
・外陰部や腟に強いかゆみを感じたり、痛みを感じたりします。性交の時や排尿時に痛みが生じることもあります。
　ただし、感染者の20〜50％は症状を感じないともいわれています。

男性器の症状

・尿道からの分泌物（うみ）
・軽い排尿痛や頻尿
　症状がないことが多いのですが、まれに尿道炎や前立腺炎を引き起こすこともあります。

《診察と治療》

　分泌物を検査し、抗トリコモナス剤の内服薬や腟座薬などで治療します。必ず医療機関で診断を受け、パートナーも一緒に治療することが大切です。なお、感染しても免疫はできないため、何度でも感染する可能性があります。

Ｂ 型 肝 炎

　Ｂ型肝炎は、Ｂ型肝炎ウイルスが血液や体液を介して感染する肝臓の病気です。症状が出るのは肝臓ですが、性行為によって感染する性感染症のひとつでもあります。ほかにも感染者の血液がついた注射針やピアッサー、カミソリ、タトゥーなどから感染することもあります。また、感染しているお母さんから生まれてくる時に赤ちゃんが感染することもあります（母子感染）。Ｂ型肝炎ウイルスに感染すると、一時的な感染に終わる場合（一過性感染）と、一生感染が続く場合（持続感染）とがあります。

《症状》

　一過性感染の場合、感染後１～６か月ほどしてから症状が現れます。症状は、全身のだるさ、嘔吐、黄疸（白眼や皮膚が黄色くなる）などです。中には肝臓に強い炎症を起こして死に至る場合もあります（劇症肝炎）。劇症肝炎にならなかった場合には数週間で回復します。

　持続感染は、出産時の感染か乳幼児期までに感染した場合に起こりやすいといわれています。幼児期までにB型肝炎ウイルスに感染し、持続感染のまま思春期をすぎると、肝炎が起こりはじめます。多くの場合、肝炎は次第におさまっていき、80～90％の人は肝臓の状態が落ち着きますが、残りの10～20％の人は肝炎が続き、その後肝硬変、肝がんになる人もいます。

《診察と治療》

　Ｂ型肝炎はワクチンで予防できます。日本では生後の赤ちゃんにＢ型肝炎ウイルスのワクチンを注射することになっています。お母さんがＢ型肝炎ウイルスに感染している場合には免疫グロブリンという注射もします。それによって母子感染はほとんど防げるようになりましたが、ピアッサーやタトゥー、性行為による感染はいまだに報告されています。

性の知識を学べるサイト

性を学ぶセクソロジー
https://sexology.life/

セイシル
https://seicil.com/

ピルにゃん
https://pillnyan.jp/

恋愛・性の悩みと疑問の解決サイト「HAPPY LOVE GUIDE」（ピルコン）
https://pilcon.org/help-line

ココカラ学園（yahoo！きっず）
https://kids.yahoo.co.jp/sei/

■参考文献

ユネスコ編、浅井春夫、艮香織、田代美江子、福田和子、渡辺大輔訳『国際セクシュアリティ教育ガイダンス【改訂版】── 科学的根拠に基づいたアプローチ』明石書店、2020年

高橋幸子、久保田美穂、櫻井裕子、田代美江子「＃つながるBOOK」
https://www.jfpa.or.jp/tsunagarubook/

ジョイセフ「セクシュアル・リプロダクティブ・ヘルス／ライツ（SRHR：性と生殖に関する健康と権利）とは」
https://www.joicfp.or.jp/jpn/know/advocacy/rh/

著者紹介

今井 伸
<ruby>今<rt>いま</rt></ruby><ruby>井<rt>い</rt></ruby> <ruby>伸<rt>しん</rt></ruby>

泌尿器科医、聖隷浜松病院リプロダクションセンター長、総合性治療科部長

1997年島根医科大学（現・島根大学）卒業後、同大学附属病院を経て、2005年1月より聖隷浜松病院に勤務。専門領域は生殖医療（男性不妊・がん生殖）・性機能障害・男性更年期障害。
講演会や各メディアを通じ、正しい性知識の普及に努める。
日本泌尿器科学会専門医・指導医、日本性機能学会専門医・評議員、日本生殖医学会生殖医療専門医、日本泌尿器内視鏡学会泌尿器腹腔鏡技術認定医、日本性科学会幹事、同会セックスセラピスト認定医、日本思春期学会理事、島根大学医学部臨床教授。

【著書】『中高生からのライフ&セックス サバイバルガイド』（共著、日本評論社、2016年）、『セックス・セラピー入門』（共著、金原出版、2018年）、『中高年のための性生活の知恵』（共著、アチーブメント出版、2019年）、『人生100年時代をなかよく生きる シニア世代の愛と性』（監修、平原社、2020年）、『射精道』（光文社、2022年）など。

高橋 幸子
<ruby>高<rt>たか</rt></ruby><ruby>橋<rt>はし</rt></ruby> <ruby>幸<rt>さち</rt></ruby><ruby>子<rt>こ</rt></ruby>

産婦人科医、埼玉医科大学医療人育成支援センター・地域医学推進センター助教、埼玉医科大学医学教育センター、埼玉医科大学病院産婦人科助教を兼任

2000年山形大学医学部医学科卒業。埼玉医科大学地域医学医療センターなどを経て、現在、埼玉医科大学に勤務。日本家族計画協会クリニック非常勤医師。
全国の小学校・中学校・高等学校にて年間120回以上性教育の講演を行う。
日本思春期学会理事、埼玉県産婦人科医会性教育委員会委員、SCAP（埼玉医科大学こども養育支援チーム）委員。

【著書】『サッコ先生と！ からだこころ研究所 小学生と考える「性ってなに?」』（リトル・モア、2020年）、『マンガでわかる！ 28歳からの おとめのカラダ大全 今さら聞けない避妊・妊娠・妊活・病気・SEXの超キホン』（KADOKAWA、2022年）、『はたらく細胞LADY 10代女性が知っておきたい「性」の新知識』（共監修、講談社、2022年）、『ラジオ保健室 10代の性 悩み相談BOOK』（リトル・モア、2022年）など。

■イラスト

hara／イラストレーター・漫画家

【著書】『自分サイズでいこう』（KADOKAWA、2021年）、『コンプレックスをほどよい距離から見つめてみた』（秋田書店、2023年）

自分を生きるための〈性〉のこと
性と生殖に関する健康と権利（SRHR）編

2023年7月30日　初　版　第1刷発行

　　　　　　　　著　者　今井 伸、高橋 幸子

　　　　　　　　発行人　松本 恒

　　　　　　　　発行所　株式会社 少年写真新聞社

　　　　　　　　　　　　〒102-8232

　　　　　　　　　　　　東京都千代田区九段南 3 - 9 - 14

　　　　　　　　　　　　TEL 03-3264-2624　FAX 03-5276-7785

　　　　　　　　　　　　URL https://www.schoolpress.co.jp/

　　　　　　　　印刷所　図書印刷株式会社

　　　　　　　　©Shin Imai, Sachiko Takahashi 2023 Printed in Japan

　　　　　　　　ISBN978-4-87981-777-8　C0037　NDC367

スタッフ　編集：森田 のぞみ　DTP：木村 麻紀　校正：石井 理抄子　イラスト：hara　図：中村 光宏
　　　　　編集長：野本 雅央